读案例 学规则

——山西电力市场运营典型案例

山西省电力市场管理委员会　组编

中国电力出版社
CHINA ELECTRIC POWER PRESS

内 容 提 要

《读案例 学规则——山西电力市场运营典型案例》由山西省电力市场管理委员会组织编写，是一本聚焦电力市场实践与规则解析的权威指南。本书立足山西电力市场改革实际，精选十大核心领域的典型运营案例，涵盖准入、注册，计量管理，信用管理，零售管理，现货与中长期交易，辅助服务市场，电费结算，绿电交易及合规风险防范等内容，通过"以案释规"的方式，深入剖析市场规则要点与操作流程。

全书案例真实生动，分析透彻，既提炼经验教训，又提供解决方案，旨在帮助市场主体快速掌握规则要点、规避运营风险，同时为监管机构、研究人员及从业人员提供实践参考。本书兼具实用性与指导性，是推动电力市场规范运作、促进市场化改革深化的必备工具书。

图书在版编目（CIP）数据

读案例 学规则：山西电力市场运营典型案例 / 山

西省电力市场管理委员会组编 . -- 北京：中国电力出版

社，2025. 7. -- ISBN 978-7-5239-0160-1

Ⅰ. F426.61

中国国家版本馆 CIP 数据核字第 2025Q4K027 号

出版发行：中国电力出版社

地　　址：北京市东城区北京站西街 19 号（邮政编码 100005）

网　　址：http://www.cepp.sgcc.com.cn

责任编辑：陈　倩（010-63412512）

责任校对：黄　蓓　张晨荻

装帧设计：张俊霞

责任印制：石　雷

印　　刷：北京雁林吉兆印刷有限公司

版　　次：2025 年 7 月第一版

印　　次：2025 年 7 月北京第一次印刷

开　　本：710 毫米 ×1000 毫米　16 开本

印　　张：12

字　　数：169 千字

定　　价：49.00 元

编委会

编写组

组　长　李宏杰

成　员　陈燕丽　张学东　周国华　张晓鹏　李晓嘉　郝建军　王　越
　　　　谢　毅　邹　鹏　赵兴泉　潘艳霞　韩　霞　王彬彬　曹媛媛
　　　　弓建华　安　邦　张　媛　白勤泽　段耀辉　韩一涛　赵江辉
　　　　张　超　齐芸芸　贺卫华　刘国瑞　陈广娟　高　鹏　杨生叶
　　　　张　超　韩照晶　万国强　楼　婧　吴冰洲　李裕民　秦亚斌
　　　　梁　晨　李　鑫　李泽斌　王睿乾　殷梁慧　李婉莹　张　畅
　　　　史　超　郝　军　邵徽敏　段清莹　董健鹏　荣　玉　任蓓蓓
　　　　常亮亮　赵文娜　王超宇　赵　堃　许田阳　张　丽　张美玲
　　　　谭沛然　陈晓芳　杨　硕　魏　宁　任继兵　郭凌海　杨冰波
　　　　赵临梅　王孟旭　张　玮　苏　伟　李鹏飞　张建君　雷雅楠
　　　　柴　强　吴兴寅　乔波涛　韩　晶　张　浩　成　伟　唐晓东
　　　　张友民

前言

按照中发〔2015〕9号文件精神及国家发展改革委、国家能源局相关配套文件要求，山西立足能源革命综合改革试点定位，按照全国统一电力市场顶层设计和"统一市场、两级运作"基本框架，坚持"安全可靠、市场主导、统筹协调、绿色低碳"的基本原则，形成了"中长期＋现货＋辅助服务＋零售＋绿电绿证＋容量补偿"六位一体、"省内＋省间"两个维度协同运行的市场体系。具有山西特色的电力市场规则体系，是支撑山西电力市场长期良性运营的重要因素之一。随着市场形态不断完善、市场认知逐步提升，在顺应发展形势、补充市场要素、解决关键问题的基础上，不断修编电力市场规则体系，现已滚动修编至《电力市场规则体系（V15.0）》。V15.0也是现货市场正式运行一年后出台的规则版本。

在此过程中，伴随市场规模持续扩大、交易品种不断丰富，参与电力市场相关业务的从业人员数量快速增加，市场上虽然不乏电力市场相关书籍，各类培训也经常开展，但编者仍经常收到提升电力市场业务水平的反馈与诉求，可见对电力市场有充分认知并具备丰富实践经验的市场参与者仍然匮乏，主要原因是市场参与者在业务工作过程中遇到问题，难以及时便捷地从各类资料中获取准确的解答。

鉴于此，由山西省电力市场管理委员会组织，国网山西省电力公司、山西电力交易中心牵头开展本书的编写工作，会同山西电力市场管委会发电、用电、售电等各类成员单位沟通交流、深入发掘，共同收集关于电力市场建设运营过程中反映出的具备代表性、普遍性的典型案例，将实际运营、操作与业务规范相结合，力求准确、简明地对相关案例进行剖析解读，方便各市场主体、相关从业人员结合工作实际，熟悉并快速掌握最新版本山西电力市场规则体系。

全书共分十章。第一章为准入、注册，主要提炼各类电力市场主体在山西电力市场的市场准入、市场注册、信息变更、市场退出等方面的案例；第二章为计量管理，主要提炼山西省电力市场主体间的关口电能计量装置的安装、运行、维护、管理等涉及贸易结算基本数据问题的案例；第三章为信用管理，主要提炼市场主体在信用评级、履约保障凭证等方面的案例；第四章为零售管理，主要提炼售电公司与零售用户间的交易模式、结算方案等问题，以及参与电商化的新电力零售模式等方面的案例；第五章为现货市场交易，主要提炼市场主体在参与山西电力现货市场结算试运行过程中申报、出清等各类案例；第六章为中长期交易，主要提炼市场主体在参与中长期分时段交易过程中反映出的各种案例；第七章为辅助服务市场，主要提炼参与调频、调峰、备用等各项辅助服务市场品种的典型案例；第八章为电费结算，主要提炼市场主体关注的电能量电费、市场运营费用等具体执行方式所涉及的典型案例；第九章为绿色电力交易，主要介绍绿色电力交易的基本情况，以及绿电交易专章出台后其交易结算的变化情况；第十章为合规、信息披露及风险防范，主要提炼合同规范、账号安全、信息获取等与市场密切相关，影响企业、个人利益的典型案例。本书在编写过程中，尤其注重对山西省现行相关政策文件的应用。

考虑到此次梳理的典型案例可能无法全面覆盖山西电力市场各类业务开展场景，且山西电力市场仍在持续深化建设，编者将根据山西电力市场政策、规则变化调整，对本书进行适时修订。

由于编写人员水平有限，疏漏之处在所难免，恳请读者批评指正。

编者

2025 年 2 月

目录

一、准入、注册

该部分案例默认引用《电力市场规则体系（V15.0）》中《电力市场准入与退出管理实施细则》作为案例适用条款，如引用其他相关政策、规则，将单独说明。

案例 1
电力用户身份转换时间

案例概况

某电力用户于 4 月 18 日咨询，要求从 4 月或 5 月委托售电公司参与电力交易，同时表示该用户提交的注册申请已于 4 月 15 日通过审核并生效。经核实，该用户确已完成注册，但未在身份转换期内（4 月 1~16 日）完成对应 5 月份参与市场交易的身份转换，无法参加 4 月或 5 月的电力交易。工作人员向该用户反馈，应及时关注 6 月用户入市相关安排，按时办理自 6 月起参加市场交易有关事宜。

适用条款

7. 市场注册"电力用户可在每个自然月按时（具体时间按照相关公告执行）选择次月起直接参与市场交易，电网企业代理购电相应终止。"

案例点评

用户 A 如准备从 6 月起参与电力市场交易，可最晚于 5 月 16 日（具体截止时间依据交易平台入市、零售交易等公告）在交易平台进行身份转换，选择成为零售用户的操作方法为"使用企业账户登录交易平台—选择身份转换页面—选择成为零售用户—阅读入市风险提示书后确认入市"，完成相关操作后，可参与零售市场交易。有关政策、规则均已发布至山西电力交易平台信息披露板块，各类拟参与市场的发、用、售企业均可至交易平台查阅，按照相关规范、时序办理电力市场业务可及时参与市场交易，保障自身利益。

案例 2
电力用户注册时间

案例概况

某电力用户 6 月 5 日提交注册，同时电话咨询自 7 月起参与电力交易事宜。6 月 7 日，经市场注册程序识别，其法定代表人身份证、授权文件等注册资料不符合形式审查规范，同时交易平台通过短信息系统向该用户反馈。该用户于 6 月 11 日再次提交修正后的注册资料，于 6 月 13 日通过注册程序审核，已经错过 7 月入市窗口期（6 月 12 日），该用户未能成功办理入市。

适用条款

7.1.2 电力用户注册 "电力交易机构收到电力用户提交的注册申请和注册信息、材料等，在 5 个工作日内完成材料的完整性核验。"

案例点评

按照现行规则，电网企业代理购电的用户可以按月进行入市操作。每月入市时间点会综合考虑国家法定节假日及交易安排提前发布公告（通知）。本案例中，注册审核业务平均办理时长为 2 个工作日（相较规则规定时限缩短 3

3

个工作日），电力用户仍然错过入市时间窗口。拟参与电力市场的电力用户应预留充足时间办理注册入市手续，规范提供注册所需资料，确保顺利参与市场交易；或者用户可选择智能注册方式，规范提供注册所需资料后，无需进行审核即可完成注册。如果错过月度办理时间节点，可在次月按照相关时限要求再次开展参与市场有关事项的办理。

案例 3
售电公司从业人员要求

案例概况

某售电公司咨询提出需要新增一名从业人员，但系统提示该员工已存在，无法添加，该售电公司与该人员已经签订劳动合同、缴纳社保。

适用条款

7.1.4 售电公司注册"从业人员不能同时在两个及以上售电公司重复任职。"

案例点评

根据上述规则及国家发展改革委国家能源局《售电公司管理办法》（发改体改规〔2021〕1595号），售电公司的从业人员不可以重复任职。如果某员工之前在其他售电公司任职，目前已从原公司离职，但是原公司未将此人从交易平台中删除，将导致新公司无法添加该人员。因此，售电公司在招聘新员工，尤其是职称人员时，应与有关人员充分沟通了解以往工作经历，核对其是否是其他售电公司的从业人员，如果曾经在其他售电公司任职，那么应及时与原公司协商删除有关人员的信息，或者由该职称人员在交易平台通过职称人员解绑流程与原公司完成解绑，新公司方可通过交易平台将该人员添加至本公司。

案例 4
售电公司信用要求

案例概况

某售电公司通过山西电力交易平台提交注册申请后，被驳回，驳回意见包括：法定代表人××为失信被执行人，不符合规则要求，请更换该人员。

适用条款

国家发展改革委 国家能源局《售电公司管理办法》（发改体改规〔2021〕1595号）（五）信用要求"售电公司法定代表人及主要股东应具有良好的财务状况和信用记录，并按照规定要求做出信用承诺，确保诚实守信经营。董事、监事、高级管理人员、从业人员无失信被执行记录。"

案例点评

电力交易中心对材料的完整性进行审查，并通过中国执行信息公开网核实申请企业董事、监事、高级管理人员、从业人员有无失信被执行记录。因此，售电企业在招聘从业人员时，应先通过中国执行信息公开网查看拟招聘人员的失信被执行信息，如果为失信被执行人员，则无法通过交易平台添加为从业人员。

案例 5
电力用户电价执行标准

案例概况

某农业用户存在主分表关系，主表计量农业用电，办公照明由二级分表计量，该用户咨询，电价应如何执行。

适用条款

6.2.2 电力用户"（5）对居民、农业用户分表中存在有工商业计量点的，用户可选择直接参与市场化交易，或由电网企业代理购电。由电网企业代理购电时，用户暂不在交易平台注册，由电网企业将一般工商业计量点信息推送至交易机构进行备案，执行电网企业代理购电价格。用户执行居民、农业电价的计量点继续执行相应目录电价。"

案例点评

用户工商业计量点执行工商业电价（市场化交易价格或代理购电价格），农业计量点执行相应目录电价。

案例 6

售电公司独立法人要求

案例概况

某公司拟开展售电业务，因公司业务需要，单独注册了××售电分公司，拟以分公司名义开展售电业务，并通过山西电力交易平台提交了注册申请。交易中心收到该公司的申请后，予以驳回，驳回原因包括：分公司非独立法人，按规定不得开展售电业务。

适用条款

6.2.3 售电公司"（1）依照《中华人民共和国公司法》登记注册的企业法人。"

案例点评

根据上述规则及国家发展改革委 国家能源局《售电公司管理办法》（发改体改规〔2021〕1595号）第五条中的规定，售电公司必须为依照《中华人民共和国公司法》登记注册的企业法人。拟开展售电业务的企业应特别留意，分公司非独立法人，不具有法人资格，按照规定不可以取得售电资格（分公司具有法人资格）。

案例 7
售电公司资产证明要求

案例概况

某售电公司通过山西电力交易平台提交注册申请后，被驳回，驳回意见包括：××会计师事务所近期有处罚记录，不符合条件，请更换。

适用条款

7.1.4 售电公司注册"2）需提供资产证明包括，具备资质、无不良信用记录的会计事务所出具的该售电公司近 3 个月内的资产评估报告，或近 1 年的审计报告，或近 6 个月的验资报告、银行流水。"

案例点评

根据上述规则及国家发展改革委　国家能源局《售电公司管理办法》（发改体改规〔2021〕1595 号）第九条中的规定，交易中心在审核售电公司提交的资产证明材料时，将通过中国注册会计师协会行业管理信息系统、信用中国网站、国家企业信用信息公示系统等查询有关会计师事务所近期是否存在处罚或不良信用记录。如果存在不良记录，则该会计师事务所出具的资产证明不予认可。建议售电公司可以提前通过上述渠道了解有关会计师事务所是否存在不良记录，以免影响办理市场注册业务。

案例 8
售电公司注册资料时限

案例概况

某售电公司于 6 月 8 日通过山西电力交易平台提交注册申请，其中资产佐证材料为验资报告和银行流水。经审核，验资报告落款日期为 5 月 20 日，银行流水覆盖日期为 5 月 20~23 日。交易中心遂驳回该公司的注册申请，驳回意见包括：银行流水日期应覆盖验资报告落款日期至注册日期。

适用条款

7.1.4 售电公司注册"2）需提供资产证明包括，具备资质、无不良信用记录的会计事务所出具的该售电公司近 3 个月内的资产评估报告，或近 1 年的审计报告，或近 6 个月的验资报告、银行流水"。《售电公司市场注册及运营服务规范指引》（京电交市〔2022〕25 号）第七条"银行流水需覆盖验资报告落款日期至注册日期"。

案例点评

根据上述规则及《售电公司管理实施细则》（晋能源电力发〔2022〕183号）第二十二条"售电公司应持续满足注册条件"等规定，售电公司提供的资产证明相关资料应符合时间逻辑规范，交易中心依据相关规则条款严格审核售电公司资产佐证材料。售电企业在办理注册事宜时，应根据规则要求准备各项资料，确保资料合法合规，不得弄虚作假（尤其不得抽逃注册资金）。

案例 9
电力用户补录户号

案例概况

某售电公司 A 于 6 月 15 日咨询，其代理的零售用户 B 在 6 月 8 日在交易平台新增了 1 个用电户号，该户号新增前后日期的电量将如何结算。经核实，该新增用电户号已于 6 月 8 日在交易平台进行注册补录，并已将该用电户号信息推送电网企业。该新增户号 6 月 9 日起的电量参与现货分时计算，在此之前的电量纳入月度调平电量进行结算。

适用条款

8.3 电力用户信息变更 "对已直接参与市场交易主体的新增用电户号，可随时在交易平台进行注册补录，电网企业在接收到交易中心推送的注册补录用电户号信息后，注册补录的用电户号随主体参与当月市场化交易结算。从接收到注册补录用电户号的次日起，新增用电户号电量参与现货分时计算，在此之前的电量纳入月度调平电量进行结算。"

案例点评

用户在月中发生新增用电户号情况时，对于零售用户来说，当月仍按与售电公司约定的零售套餐进行电费结算；对于售电公司来说，新增户号的电量应及时纳入现货交易，避免出现因未考虑新增的电量规模造成不必要的考核的情况。

案例 10
电力用户扩大规模

案例概况

某电力用户目前已经注册入市，名下有 1 个户号，预计下个月企业因扩大生产规模，将在电网公司营销系统新设立一个户号，新户号也纳入市场化交易范围的方法及时间限制。

适用条款

8.3 电力用户信息变更"（1）对已直接参与市场交易主体的新增用电户号，可随时在交易平台进行注册补录，电网企业在接收到交易中心推送的注册补录用电户号信息后，注册补录的用电户号随主体参与当月市场化交易结算。从接收到注册补录用电户号的次日起，新增用电户号电量参与现货分时计算，在此之前的电量纳入月度调平电量进行结算。"

案例点评

根据上述规则，市场化电力用户如果因扩大生产规模等原因新增用电户号，可以随时将新户号添加至交易平台（通过新增用电单元菜单），通常于 3

11

个工作日内审核完毕，审核生效的户号当月即参与市场化交易。另外，对已直接参与市场交易主体下的用电户号，其新增计量点直接随现有主体参与当月市场化交易。

案例 11
电力用户新增户号

案例概况

某电力用户已有直接参与市场交易主体，新增的一个户号今天已在电网企业完成立户业务，但不清楚新户号应如何参与市场交易。

适用条款

8.3 电力用户信息变更 "（1）对已直接参与市场交易主体的新增用电户号，可随时在交易平台进行注册补录，电网企业在接收到交易中心推送的注册补录用电户号信息后，注册补录的用电户号随主体参与当月市场化交易结算。从接收到注册补录用电户号的次日起，新增用电户号电量参与现货分时计算，在此之前的电量纳入月度调平电量进行结算。"

案例点评

电力用户在电网企业新增户号完成立户后，其参与市场的流程并未完全结束，应及时在交易平台进行市场主体补录户号操作，电网企业成功接收到补录户号信息后，用户主体下新增的户号次日起即可参与市场化结算。

案例 12
电力用户新增计量点

案例概况

某用户已参与市场交易，5 月 21 日其在电网企业办理完成高压增容业务，新增的工商业计量点什么时间可以参与交易，该计量点电量如何计算。

适用条款

8.3 电力用户信息变更"（2）对已直接参与市场交易主体下的用电户号，其新增计量点直接随现有主体参与当月市场化交易结算，当月执行主体交易价格。自业务办理完毕的次日起新增计量点电量参与现货分时计算，在此之前的电量纳入月度调平电量进行结算。"

案例点评

根据上述规则，用户的某个户号于 5 月 21 日新增计量点，即 5 月 21 日在电网企业新增计量点完成后，该计量点随主体参与 5 月的市场化交易，电量于 5 月 22 日起参与现货分时计算。即新增计量点的电量以 22 日至月末最后一天参与现货分时计算（其余电量纳入月度调平电量）进行结算。

案例 13
电力用户调平电量

案例概况

某电力用户已参与市场交易，5月21日其主体下新增了用电户号，结算时该户号下部分电量计入了月度调平电量。经核实，该户号随主体参与5月的市场化交易结算，该户号下的电量以（5月22日至月末最后一天参与现货分时计算，其余电量纳入月度调平电量）进行结算。

适用条款

8.3电力用户信息变更"（1）对已直接参与市场交易主体的新增用电户号，可随时在交易平台进行注册补录，电网企业在接收到交易中心推送的注册补录用电户号信息后，注册补录的用电户号随主体参与当月市场化交易结算。从接收到注册补录用电户号的次日起，新增用电户号电量参与现货分时计算，在此之前的电量纳入月度调平电量进行结算。"

案例点评

根据上述规则，用户于5月21日新增户号，即5月21日在交易中心注册补录户号完成且电网企业接收到用电户号信息成功后，该户号随主体参与5月的市场化交易，电量于次日参与现货分时计算。因此交易主体新增的用电户号，应及时在交易中心进行注册补录，避免出现月度调平电量较大的情况。

案例 14
电力用户改类

案例概况

某电力用 16 日在电力公司已办理变更业务，工商业计量点已撤销，用电类别改为居民用电，电费结算也发生相应改变。

适用条款

8.3 电力用户信息变更"（3）对用户发生用电类别、电压等级变化的，按照变更前后对应用电类别、电压等级进行分段市场化结算。若用户变更为居民（含执行居民电价的学校、社会福利机构、社区服务中心等公益性事业用户）、农业用电，则变更后按相应类别目录电价结算，同时用户根据相关流程申请办理退市。"

案例点评

市场化用户可正常办理变更业务，发生用电类别、电压等级变化的，按照变更前后对应用电类别、电压等级进行分段市场化结算。变更为居民、农业用电的，电网企业会将变更后的用户档案信息推送交易中心，交易中心更新交易范围，确保结算正确。

案例 15
电力用户更名

案例概况

某电力用户咨询，其在电网企业办理更名业务后，交易平台信息未同步发生变化。经核实，该用户在电力公司办理更名手续后并未在交易平台办理信息变更手续。

适用条款

8.3 电力用户信息变更"电力用户办理过户、更名、分户、并户、销户、改压、改类等变更用电业务时，原用户应与新用户、售电公司就变更产生的影响协商一致，并同时在电力交易机构办理注册信息变更手续。电力用户在办理影响自身合同执行能力的变更业务前，须提供电力交易机构出具的无尚未执行的市场化合同依据后，方可在电网企业办理相关业务，未按规定办理上述业务引发的经济责任、法律后果由经营主体自行承担。"

案例点评

电力用户在电网企业办理用电变更业务后，应及时在电力交易机构办理注册信息变更手续，避免注册信息未及时变更影响用户交易。

案例 16
电力用户更名、过户

案例概况

　　某电力用户已在电网企业办理了更名和过户业务，尚未在交易平台进行变更，其与售电公司约定的零售套餐也应关注，如有必要可协商调整。

适用条款

　　8.3 电力用户信息变更"（4）对用户发生更名的，保持原有市场身份不变，对于已签订的零售合同须继续执行。对用户发生过户的，新用户自愿选择是否直接参与市场交易。"

案例点评

　　用户在电网企业办理更名和过户业务后，应及时在电力交易平台办理市场主体变更，当月应按原用户与售电公司约定的零售套餐执行。

案例 17
售电公司业务范围变更

案例概况

某售电公司在山西省正常开展业务，有意将业务拓展至外省（国网经营区域内），遂在外省行政审批局注册了一家售电公司，并且拟通过目标省份交易平台重新注册进而获取交易资格。经问询交易中心工作人员，得知不需要重新注册售电公司，仅需将山西售电公司资质拓展至外省即可。

适用条款

8.5.4 售电公司业务范围变更 "售电公司业务范围扩至其他省，可在山西电力交易中心办理业务范围变更手续。电力交易机构收到业务范围变更申请后，将售电公司注册信息共享至相应省电力交易机构，在有关省进行承诺、申请、公示、备案。"国家发展改革委 国家能源局《售电公司管理办法》（发改体改规〔2021〕1595号）第八条 "符合注册条件的售电公司自主选择电力交易机构办理注册，获取交易资格，无需重复注册。"

🖱 案例点评

　　首次注册地为山西且在山西正常开展售电业务的售电企业，如果拟拓展外省市场，可以直接在山西电力交易平台上增加外省业务范围（需提供当地经营场所信息），经过目标身份交易中心审核通过后获取当地交易资格（不需要在当地重新注册公司）。售电公司新增业务范围时，对于注册信息过期的，需先更新注册信息，之后进行售电范围变更。为保证业务范围新增的顺利开展，售电公司提前向新增业务范围的省级电力交易中心了解注册要求。

案例 18
售电公司年度信息披露

✐ 案例概况

　　某售电公司反映，该公司近一年未开展售电业务，也未关注交易平台相关通知，现在拟重新入市交易，但是登录后发现，本企业无法创建商铺，也无法与零售用户建立绑定关系。经查，该企业因未按照交易中心要求进行注册信息更新及自主公示工作，因此被暂停交易资格。

📚 适用条款

　　山西省能源局《售电公司管理实施细则》（晋能源电力发〔2022〕183号）第五条"售电公司注册生效后，通过山西电力交易平台每年3月底前披露其资产、人员、经营场所、技术支持系统等持续满足注册条件的信息和证明材料。未按照要求定期披露信息的售电公司，暂停其交易资格，重新参与交易前须按照要求披露信息，并再次进行公示，公示期 1 个月；自暂停交易资格之日起，3 个月内未按要求披露信息的，视为未持续满足注册条件，且拒不整改，对其启动强制退出程序。"

案例点评

交易中心按照上述规定，每年的上半年对在册的售电公司进行线上核查，核查内容主要包括资产水平、从业人员、经营场所、技术系统等方面。核查通过后，售电公司进行自主公示。未完成上述工作的售电公司视为未持续满足注册条件，进入停牌整改期。因此，在册售电公司，不论当前是否开展业务，应及时关注交易平台发布的各类通知，按要求开展线上核查等工作，以免影响本企业交易资格。

二、计量管理

该部分案例默认引用《电力市场规则体系（V15.0）》中《电力市场计量管理实施细则》作为案例适用条款，如引用其他相关政策、规则，将单独说明。

案例 19
关口计量装置配置要求

案例概况

某用户于11月29日咨询，11月14日、15日的电量数据全天多时段为零。经核实，用户异议计量点11月14日和15日冻结及96点曲线采集正常，该时期该用户负荷较小，电能表示数为累积量，部分时段表计没有电量，是因为用户低谷负荷时电流与互感器变比不匹配，表计示数连续变化，无电量丢失。

适用条款

7.2 关口计量装置配置要求"电能计量装置精度的选择以供电容量及被计量对象的重要程度为基础，按照 DL 448—2016 要求配置。"

案例点评

用户负荷正常时不会出现多个时段电量为零的情况。

案例 20
计量数据异常处理

案例概况

某用户3月8日至9日电量骤降，该用户一直正常用电，期间计量装置损坏，现已修好。经核实，该用户于3月7~13日现场电压互感器故障，用户检修后于3月13日设备恢复正常，计量采集恢复正常，由地市电力公司对期间的电量进行追补。

适用条款

8.1 计量数据异常处理"电能计量装置是电能量计量数据的唯一来源。市场结算用的关口计量数据，原则上应由电能计量采集管理信息系统自动采集。自动采集数据不完整时，由电能计量采集管理信息系统根据拟合规则补全。当计量装置故障等问题导致计量表计示值不可用时，计量装置管理机构依据相关规则出具电量更正报告，由交易机构组织相关经营主体确认后进行电量追退补。"

案例点评

用户现场计量装置故障应及时联系地市公司计量中心，计量中心出具电量更正报告并经相关经营主体确认后进行电量追补。

案例 21
发电侧电能示值采集补全算法

案例概况

某电厂于 11 月 4 日 20:00 开始采集失败，与实际不符，经核实，电厂于 11 月 4 日 20 点主表故障，5 日地市公司现场更换表计后恢复正常采集。

适用条款

10.1 发电侧电能示值采集补全算法"（1）当发电侧关口点主表采集数据缺失时，则所缺电量数据采用该关口点副表数据进行近似拟合，拟合时以副表同一时段电量值进行计算后，补全至主表所缺数据点。若主、副表均采集失败，则继续使用下一条拟合规则。"

案例点评

对于山西省内参与市场交易的电厂，截至（D+3）日电能计量采集管理信息系统仍无法采集到其电表数据，则由电能计量采集管理信息系统对需提供的电表数据进行拟合后用于电量计算。由于电能表故障，无法现场补抄示数，电网企业按照拟合规则采用副表数据进行拟合后推送缺失数据。

案例 22
用户侧电能示值采集补全算法 1

案例概况

某用户于 6 月 17 日咨询，其用电正常，但计量点 6 月 11~15 日电量均为 0，11~15 日电量集中于 16 日 00:15，与实际不符。经核实，用户该计量点于 6 月 11 日采集停运掉线至 15 日，16 日采集恢复导致示数跳变，因此出现电量堆积的情况。堆积的电量按照规则计入月度调平电量。

适用条款

10.2 用户侧电能示值采集补全算法"当某关口计量点示值曲线采集异常或失败超过 3 天（自然天）时，进行示值追溯。恢复正常采集后的第一点电量'划零'处理。'划零'部分计入月度调平电量。"

案例点评

该用户在参与市场交易时，应每日在电力交易平台关注其主体下所有户号计量点的公布电量，发现与实际不符时应及时在电力交易平台提交异议，避免电量长期无法计入现货而计入月度调平电量。

案例23
用户侧电能示值采集补全算法2

案例概况

某用户于6月21日咨询,其用电正常,但计量点××5月15日电量骤减,与实际不符,该用户已在电力交易平台提交异议,得到反馈"示数已更新,退补后随次月账单一同发布"。是否可以使用更新后的示数进行重算,并更新5月月结账单。经核实,用户于6月21日咨询时5月月度结算账单已发布,不可更新5月月结账单,应按照电费追退补管理规则进行追退补,并随次月账单一同发布。

适用条款

10.2用户侧电能示值采集补全算法"(2)在账单核对修正期内重新获得电能表实际示值的,应用实际示值替换拟合数据重新进行电量计算。月度账单发布后重新获得电能表实际示值的,按照电费追退补管理规则执行。"

案例点评

该用户在参与市场交易时,应每日在电力交易平台关注其主体下所有户号计量点的公布电量,发现与实际不符时应及时在电力交易平台提交异议,若在账单核对修正期内采集恢复正常或其他原因示数重新获取后，电网企业重新进行电量计算。

案例 24
用户侧电能示值采集补全算法 3

案例概况

某用户的某计量点于 12 月 2 日 16:45:00 和 17:00:00 两个时间点采集失败，17:15:00 后恢复正常，经核实，该用户现场网络信号不稳定，导致这两个时间点终端无法传回数据。

适用条款

10.2 用户侧电能示值采集补全算法"（1）当某关口计量点示值曲线采集异常或失败点数小于等于 2 个时，按该计量点异常或失败区间前后时间点的电能示值算术平均值进行拟合。"

案例点评

对于山西省内参与市场交易的用户，截至（D+3）日电能计量采集管理信息系统仍无法采集到其电表数据，则由电能计量采集管理信息系统对需提供电量进行拟合后用于市场化结算。

案例 25
用户侧电能示值采集补全算法 4

案例概况

某用户的某计量点于 4 月 10 日 05：15：00 至 4 月 12 日 08：30：00 采集失败，08：45：00 恢复正常采集，经核实，该用户终端故障导致采集失败。

适用条款

10.2 用户侧电能示值采集补全算法"当某关口计量点示值曲线采集异常或失败点数大于 2 个且小于 3 天（自然天）时，根据恢复正常采集后第一点电能示值，按该计量点最近 7 个运行日的示值曲线平均值对异常或失败部分进行拟合。若期间该计量点属性发生变更，则根据上述规则对变更前后的示值曲线分别进行拟合。"

案例点评

对于山西省内参与市场交易的用户，截至（$D+3$）日电能计量采集管理信息系统仍无法采集到其电表数据，则由电能计量采集管理信息系统对需提供采集数据进行拟合后用于市场化结算。

案例 26
用户侧电能示值采集补全算法 5

案例概况

某用户于 5 月 29 日咨询，5 月 25 日该企业正常用电，但计量点全天电量为零。经核实，该用户计量点因 22~25 日采集失败，推送数据零电量拟合，由地市公司于 5 月 30 日在现场抄回示数，电网公司重推实际数据后重新计算。

适用条款

10.2 用户侧电能示值采集补全算法"（2）在账单核对修正期内重新获得电能表实际示值的，应用实际示值替换拟合数据重新进行电量计算。月度账单发布后重新获得电能表实际示值的，按照电费追退补管理规则执行。"

案例点评

该用户在参与市场交易时，发现主体下户号计量点的公布电量与实际不符时应及时在电力交易平台提交异议，若在账单核对修正期内采集恢复正常或其他原因示数重新获取后，电网企业重新进行电量计算。

案例 27
电能表更换期间的电能示值拟合和补全

案例概况

某用户反馈自 3 月 15 日 11:30:00~24:00:00 因更换表计导致交易平台无法显示自 11:30:00 之后的实际用电量，其当天实际用电量为 314MWh，平台下载的 3 月 15 日电量为 132MWh，平台用电量与实际用电量不相符。经核实，该用户于 15 日当天换表完成，公布的用电量从 11:30 之后为 0，与实际不符，新表当日所计电量计入月度调平电量。

适用条款

10.3 电能表更换期间的电能示值拟合和补全 "电能计量采集管理信息系统同时采集换表当日新、旧两只电能表的电能示值。换表过程中缺失的曲线示值按照拟合规则进行补全，并参与正常电费结算。换表当天用户侧新表所计电量计入月度调平电量。"

案例点评

该用户在电网企业申请用电变更，换表当日按照拟合规则依据旧表最后一点进行零电量拟合，次日推送新表档案后接收新表数据，期间新表所计电量计入月度调平电量。

三、信用管理

该部分案例 28~31 默认引用《山西省能源局 山西省发展改革委 山西能源监管办关于印发〈售电公司信用评价管理及信用分级分类监管办法〉的通知》有关要求》（晋能源规发〔2023〕4 号）作为适用条款，案例 32~38 默认引用《电力市场规则体系（V15.0）》中《电力市场信用管理实施细则》作为适用条款，如引用其他相关政策、规则，将单独说明。

案例 28
售电公司信用风险预警和分类监管机制

案例概况

某售电公司在参加某年年度信用评价时，因未及时提交审计报告、未及时在交易平台进行注册信息更新以及现场核查时未提供从业人员职称证书等问题被扣分，最终其得分对应年度评价结果为 C 级。电力交易中心通过公告方式向与其存在合同关系的相关方发出风险预警，并通知其在评价结果发布之日起三个月内完成相应问题整改。

适用条款

第二十三条"评价结果为 C 级的售电公司，山西电力交易中心应通过公告、通知、函件、系统提示等形式以公开信息向全市场发出风险预警"。

案例点评

该公司应于评价结果发布之日起三个月内向电力交易中心提交合格的审计报告、全部从业人员的职称证书以及社保证明原件，将注册信息予以及时更新后同时提供信用评价整改报告，加盖单位公章。经电力交易中心审核确认整改资料无误后，恢复该公司交易资格，其最终年度评价等级为 C 级，执行相应的风险防范管理措施。在后续信用评价中，该公司应及时关注交易平台相关通知公告，按时开展信用评价相关资料报送及信息披露工作。

案例 29
售电公司有不良征信

案例概况

某售电公司在参加某年年度信用评价时，中国人民银行征信中心对该公司出具的《企业信用报告》记录中存在不良信贷记录 1 条，强制执行记录 2 条。该公司最终评价得分对应评级为 A 级，但按照信用评价管理办法相关规定其最终年度评价结果为 C 级，电力交易中心通过公告方式向与其存在合同关系的相关方发出风险预警，暂停其交易资格并要求其在评价结果发布之日起 3 个月内完成相应问题整改。

适用条款

附件，售电公司信用评价指标体系"法人、主要股东（持股比例 5% 以上的）有不良记录的，未持续满足注册条件要求，评价结果降为 C 级。"。

案例点评

该评价指标旨在通过资信报告评价售电公司信誉状况。企业征信记录对企业的经营活动有着重要的影响。如果一个企业征信记录良好，则在商业交易中更容易获得他人的信任，反之，征信记录差、信用评级低，不便于开展商业合作。因此，每个企业都应该十分关注和维护自己的征信记录，避免出现不良记录，确保良好的信用评级。该公司需在后续的电力市场交易过程中注意维持自身良好信用记录。

案例 30
售电公司满意度平价

案例概况

某售电公司在参加某年年度信用评价时，最终评级为 A 级。但该公司对评价结果有疑义，来电咨询其评价得分情况。经核实，该公司"售电公司诚信度及代理用户满意度"得分为 0，导致其最终评级为 A 级。

适用条款

第十三条"对评价结果有异议的，可在 3 个工作日内向山西电力交易中心提出申诉，山西电力交易中心应在收到申诉后 5 个工作日内完成复核、答复工作。"

案例点评

该公司在对自身评价结果有疑义时，应在规定时间内提出申诉，在电力交易中心复核答复后若售电公司对电力交易中心给出的答复仍有异议，可向省级政府电力主管部门反馈，由省级政府电力主管部门最终核定。同时，该公司应加强用户关系管理，不断提升用户服务水平，加强用户体验，以提高用户的忠诚度和满意度，提升市场竞争力和自身实力，做好公司信誉和形象的维护。

案例 31
售电公司信用中国记录

案例概况

某年年度信用评价过程中，在售电公司评价数据采集过程中，电力交易机构通过国家税务局山西省税务局官方网站"重大税收违法失信主体信息公布栏"查询到存在两项税收违法记录，并被信用中国纳入"失信主体名单"。虽然该公司当年评价得分为 830 分，得分对应评价等级为 AA 级，但因其被信用中国纳入"失信主体名单"，最终评价等级为 C。

适用条款

附件，售电公司信用评价指标体系"被信用中国纳入'失信主体名单'的，得 0 分并直接列为 C 级"。

案例点评

该公司应自觉遵守各政府机关及各行业法律法规，密切关注并及时对政府、相关授权机构处罚的情况完成整改，避免被市场运营机构纳入相关负面评价，做好公司信誉和形象的维护。

案例 32
履约保函退还

案例概况

某售电公司于某年9月退市，10月向电力机构提交退还保函书面申请，要求退还全部保函，退还原因为取消售电业务。经核实，暂无法给该公司退还全部保函，同时向该公司反馈，应于退市六个月后再次提交退还保函申请，到期退还。

适用条款

9.3 有效期"参与年度、月度、月内交易的履约保函、履约保险的终止日期为交易年度延后半年及以上。如，参与2022年年度、月度、月内交易，终止日期至少为2023年6月30日。若售电公司年内退出后保留其履约保障凭证6个月，期满退还。"

案例点评

该公司应于次年3月底再次向电力机构提交退还保函书面申请，须加盖单位公章；同时需提供市场主体法定代表人的授权委托书、身份证，履约保函经办人的身份证，须由市场主体法定代表人签字，加盖单位公章；经办人需持身份证原件领取履约保函原件。

案例 33
履约保函时效

案例概况

某售电公司于 5 月入市，咨询若想参与当年 7 月月度交易，办理的保函有效期是否可以办理至当年年底。经核实，该售电公司应提交终止日期为次年 6 月 30 日及以后的保函，不可办理至年底。

适用条款

9.3 有效期"参与年度、月度、月内交易的履约保函、履约保险的终止日期为交易年度延后半年及以上。如，参与 2022 年年度、月度、月内交易，终止日期至少为 2023 年 6 月 30 日。若售电公司年内退出后保留其履约保障凭证 6 个月，期满退还。对年内选择退出电力市场的售电公司，履约保函、履约保险延长 6 个月期限的缴纳标准不得低于年内最大月代理用户电量规模要求"。

案例点评

该售电公司若想参与某年月度、月内交易，应在银行办理终止日期为次年 6 月 30 日及以后的保函。

案例 34
滞纳金记收原则

案例概况

某售电公司咨询，某年 4 月 15 日发布售电公司 3 月月度结算账单后，其于 4 月 23 日向国网山西省电力公司申请执行履约保函抵扣亏损电费，并未超出结清电费期限，为何仍计收滞纳金。

适用条款

9.5 履约保函、履约保险执行"在不触发签订用户电量条件的情况下，若售电公司选择通过执行履约保函、履约保险抵扣亏损电费，应在结算账单发布后 5 日内提出申请，履约保障凭证抵扣电费不能及时到账的可免收滞纳金；若售电公司超出 5 日提出申请或未提出申请的，也未在 10 日内结清电费的，电网企业启动执行履约保障流程，抵扣电费到账前滞纳金正常计收。"

案例点评

该售电公司在结算账单发布后第 8 日向国网山西省电力公司提出申请，超出规定时间（5 日），亏损电费在结清电费期限后到账，电费滞纳金正常计收。

案例 35
电费异议办理

案例概况

4月17日，某售电公司对3月售电公司月度结算账单提出异议，认为电费计算不正确，亏损金额过大，拒绝交纳电费，要求核实准确后再交纳。

适用条款

9.5 履约保函、履约保险执行"（5）对履约保函、履约保险执行事宜有异议的经营主体，需于执行告知书发出之日起5个工作日内向国网山西省电力公司、电力交易机构提出异议。经核实后，如经营主体无欠费或欠费金额计算错误的，已通过履约保函、履约保险支付的欠款予以退还。"

案例点评

售电公司对电量电费结算单有存疑时，应按照账单金额交纳电费，并在电力交易平台提交异议。异议经核实确属差错的，由电网企业开展追退补结算。

案例 36
履约保函提供方范围

案例概况

12 月 15 日，某售电公司向国网山西省电力公司递交了由外省银行开具的履约保函，国网山西省电力公司与该售电公司说明只接收省内银行开具的履约保函，将履约保函退回。

适用条款

4.术语定义"（2）售电公司履约保函、履约保险：指经国务院银行、保险监督管理机构批准设立、颁发金融、保险许可证且具有相应业务资格的商业银行（山西省内）、企业集团财务公司、保险公司，应售电公司请求，向电网企业开立的、或签订售电业务保险合同保证该售电公司履行市场交易、结算义务及电费支付的书面信用担保凭证或保险合同。"

案例点评

售电公司应按规定提供省内银行开具的履约保函，以便开展后续用户绑定和交易业务。

案例 37
履约保函退还

案例概况

　　某售电公司于某年4月向国网山西省电力公司递交退还保函申请，国网山西省电力公司对其退还保函申请进行审核，发现该售电公司只递交了退保函申请和授权委托书，申请资料不全，随即工作人员向该售电公司说明需补全资料。

适用条款

　　9.4.3 退还"（2）售电公司申请退还履约保函、履约保险时，需向国网山西省电力公司提供以下材料：退还书面申请；营业执照复印件；法人身份证复印件，经办人身份证及复印件、授权委托书（须由经营主体法定代表人签字）。所有申请资料均须加盖单位公章。"

案例点评

　　该售电公司应补充提供退还保函所需材料：经办人身份证复印件、法人身份证复印件（均需要加盖单位公章）。

案例 38
履约保函、履约保险的追加

案例概况

6月5日，工作人员对某售电公司6月份批零倒挂电费进行测算，向该售电公司送需追加履约保函（保险）的函后，该售电公司并未提交新的履约保函，在其已缴纳履约保函（保险）额度中扣减倒挂电费金额后，该公司可交易额度减少。

适用条款

9.4.2.3 追加批零倒挂履约保函、履约保险的时间节点"原则上，每月5日前（遇节假日顺延），国网山西省电力公司依据倒挂电费测算情况通知售电公司追加履约保函、履约保险。每月15日前，售电公司完成倒挂电费的履约保函、履约保险追加。"

案例点评

售电公司应该在收到追加履约保函（保险）的函后，在规定的时间内向国网山西省电力公司递交新的履约保函，避免出现可交易额度不够的情况。

四、零售管理

该部分案例默认引用《电力市场规则体系（V15.0）》中《电力零售市场实施细则》作为案例适用条款，如引用其他相关政策、规则，将单独说明。

案例 39
电力用户身份转换机制 1

案例概况

某电力用户称在 2024 年 5 月零售交易期间未与售电公司签订任何零售合约，同时也未参与同月组织的 5 月月度及上旬中长期交易。相当于该用户在月执行期内没有任何市场交易合同，其 5 月之后的市场主体身份由零售用户自动转换为批发用户，若该用户在 6 月零售交易期间与售电公司签订零售合约，则需要该用户通过交易平台身份管理功能，将批发用户身份转换为零售用户。

适用条款

6.2.2. 电力用户身份转换机制（4）用户身份转换缺省处理机制"3）标的月零售交易截止时间零售用户未选择售电公司签约时，该月及以后用户身份缺省转为批发用户，按照批发用户相关交易规则购电。直至用户再次与售电公司签约，或用户在交易平台自愿转换为电网企业代理购电身份"。

案例点评

该用户可最晚于 6 月零售交易截止日期前（可参见交易平台 6 月零售交

易公告以及身份转换有关事项的通知），使用企业账户登录交易平台，在身份转换页面，选择成为零售用户，然后在零售商城中选购套餐，否则仍然为批发用户。

案例 40
电力用户身份转换机制 2

案例概况

某电力用户咨询，于5月20日在交易平台，将主体身份由批发用户转换为零售用户，但错过了6月零售交易期，没有签订零售合约。经核实，该用户提交的零售用户身份转换不生效，其6月及以后的市场主体身份仍为批发用户，需要自主参与中长期交易购电。

适用条款

6.2.2. 电力用户身份转换机制（4）用户身份转换缺省处理机制"2）批发用户、执行电网企业代理购电价格1.5倍的用户选择标的月转换为零售用户，至该月零售交易截止时间仍未达成零售交易时，该次身份转换不生效，相应用户身份仍保持不变。"

案例点评

该用户应于次月重新提出由批发用户向零售用户身份转换的申请，并于7月零售交易截止日期之前，与售电公司签订零售合约，至此则完成了批发用户向零售用户的身份转换。此案例同样适用于电网企业代理购电用户以及执行电网企业代理购电价格 1.5 倍的用户转换为零售用户的情况。

案例 41
零售签约时间要求

案例概况

某电力用户 3 月 22 日来电，称去年 12 月在零售交易平台与某售电公司签订了本年 1 月至 3 月的零售合同，但未签订 4~12 月零售交易合同，咨询当前能否签订 4 月及以后的零售合约。经核实本年 4 月零售交易开市时间为 3 月 1~21 日，零售交易窗口期已过无法签订相应合约。

适用条款

7.1.2. 时间要求 "零售交易的最小签约与交割周期为自然月。交易标的月零售交易原则上应在上月完成，具体交易时间以交易公告为准，期限内可开展交易标的月对应零售合约的建立、终止。"

案例点评

从零售用户角度，该用户错过 4 月零售交易窗口期，由于缺少零售合同，其身份自动缺省转换为批发用户，可以参与 4 月月度、旬、日中长期交易；也可在 5 月零售交易期间，将身份主动转化为零售用户参与 5 月的零售交易，向售电公司购买 5 月及以后的零售套餐，保障本年后续月份按照零售合约购电。

从交易组织角度，在中长期直接交易前需要明确市场主体准入范围与交易限额，因此目前采取先开展零售交易后组织批发市场的交易时序，以保障市场交易平稳有序进行，后期将进一步完善批发、零售交易时序衔接机制，延长零售市场开市时间。

案例 42
零售解约时间要求

案例概况

某售电公司 3 月 20 日咨询，在 4 月零售交易期间，零售用户直接下单签订 2025 年 4~12 月的零售合同，目前想解除 10~12 月的零售合约，是否能够在平台操作解除。经核实，2025 年 4 月零售交易将于 3 月 21 日结束闭市，但零售合约解除时间已于 3 月 19 日截止（解约截止时间一般为零售交易闭市日期前两天），暂无法解除 10~12 月的零售合约，需要在零售交易相应的开市期间执行解约操作。但因经营主体拟解约的零售合约为 10~12 月，因此后期还可以在 5~10 月的相应开市时间进行解约操作。

适用条款

8.3. 零售合同提前解除"零售用户、售电公司按照合同签订时约定的解约条款，均可开展零售合同的提前解除。零售合同解除的截止时间，原则上要早于零售交易截止时间，具体时限以交易公告为准。解约方可选择未执行零售合同的某标的月，解除该月及后续月份的零售合同。"

案例点评

零售交易开市期间，零售用户与售电公司可经协商一致一次性解除已签订但未执行的零售合约，如4月零售交易最多可以一次性解除4~12月的零售合约。案例中所述零售用户需要解除10~12月的零售合约，可在4~10月任一月度零售交易期间，解除相应的合约。需注意若继续作为零售用户参与市场交易，则零售用户解约时应预留足够时间重新签订新的零售合同。

案例 43
未签约的零售用户

案例概况

某电力用户咨询如果将6月主体身份由零售用户转换为批发用户，但没有参与中长期市场6月月度及月内交易，即没有批发交易合同，那用户6月市场化价格应该按照什么价格进行结算。

适用条款

5.1 结算模式 "5.1.3 不具备分时计量条件的低压用户、电信基站等（含售电公司代理），及榆林供电公司用电暂不直接参与现货市场。此类用户正偏差用电量（超用电量）按照当月省内中长期合同加权均价的1.1倍结算，负偏差用（欠用电量）电量按照合同电价结算，并应承担市场运营费用。鉴于此类用户暂不具备分时计量条件，在此之前不回收、不分摊市场运营费用。"

案例点评

对于既没有零售合同也没有批发合同的市场用户，应当按照是否参与现货市场来考虑，对于暂不直接参与现货市场的用户，其实际用电量属于超用电量，按照当月省内中长期合同加权均价的 1.1 倍结算。对于直接参与现货市场的用户，其实际用电量全部进入实时现货市场，按照实时现货出清价格结算（用户侧统一出清点电价），并承担市场运营费用。

案例 44
零售组合套餐系数

案例概况

某电力用户于 5 月 23 日咨询，其 4 月约定的组合套餐中 $K_{向下}$ 为 0%、$K_{向上}$ 为 100% 对电费结算的影响。经核实，该用户签订的 4 月零售套餐为分时、组合且不约定电量套餐，其中用户向下承担比例系数 $K_{向下}$ 为 0%、用户向上承担比例系数 $K_{向上}$ 为 100%。根据公式：当 $C_{基准} < C_{浮动}$ 时，$P_{组合套餐差价} = (C_{浮动} - C_{基准})/Q_{实际} \times K_{向上}$ 可知，由于 $K_{向上}$ 为 100%，该用户电能电费将按较高的浮动电费结算；当 $C_{基准} \geq C_{浮动}$ 时，虽然 $P_{组合套餐差价} = (C_{浮动} - C_{基准})/Q_{实际} \times K_{向下}$，但因为 $K_{向下}$ 为 0%，电能电费仍将按较高的基准套餐电能电费结算。

适用条款

7.4.3. 组合价格模式"浮动系数包括用户向上承担比例系数与用户向下分成比例系数。用户向上承担比例系数是指当浮动套餐综合电价高于基准套餐综合电价时，用户在基准套餐综合电价基础上承担高出部分综合电价差值的权重系数；用户向下分成比例系数是指当浮动套餐综合电价低于基准套餐综合电价时，用户在基准套餐综合电价基础上分享低于综合电价差值部分的权重系数。"

案例点评

售电公司上架 $K_{向下}$ 为 0%、$K_{向上}$ 为 100% 的组合套餐，此类套餐相当于让用户在结算时按基准套餐和浮动套餐中电能电费较高的一种结算。因此电力用户在选择套餐时，一定要清楚套餐内所约定的各项数据的含义，保障自身权益。

案例 45
零售电量参数的约定方法

案例概况

某售电公司希望通过约定电量的套餐零售用户区分用电偏差责任，但不清楚在设置约定电量套餐时有哪些约束条件。

适用条款

7.4.2.1. 电量参数"约定零售电量的套餐需零售用户按月在零售交易时填写零售约定电量，标的月约定总电量不得超过零售用户变压器合同容量 ×24× 标的月日历天数（允许执行中变更，经双方确认，可在交割月之前协商变更）。分时段套餐类型按月需约定 24 个时段对应电量，非分时段套餐类型暂不允许约定电量。对不约定电量的零售套餐，全部市场化用电量按照对应的电价交割与结算。"

7.4.2.2. 电价参数 "对约定电量的套餐，需要分别约定合约电量的电价参数、偏差考核价格参数"。"偏差考核价格参数采用固定价格值，偏差考核价格参考范围为 0~5 元 /MWh，售电公司与零售用户自行配置正负偏差免除比例。"

案例点评

在套餐结构方面，售电公司要设置约定电量参数必须是基础价格套餐，且必须是分时套餐，即单一分时价格套餐可以约定电量。在约定电量方面，为了符合用电实际，规定用户的约定电量总和不得超过根据变压器容量计算的该用户月度理论上的最大用电量。在约定电价方面，按照零售用户与售电公司约定的偏差考核价格、偏差免除比例，根据零售用户实际用电情况即可计算偏差电费。

案例 46
组合价格模式 1

案例概况

某零售用户与售电公司签订了组合价格套餐，但不清楚该套餐的价格应该如何计算。

适用条款

7.4.3. 组合价格模式 "组合价格套餐由两个基础价格套餐组合形成，并分为基准套餐与浮动套餐。(1)基准套餐与浮动套餐在结算时将计算同一市场化用电量下的综合电价,并进行高低比较,根据浮动系数计算出最终月度零售结算电价(分时段类型的月度零售结算电价为 24 个)。(2)浮动系数包括用户向上承担比例系数与用户向下分成比例系数。"

案例点评

同一市场化用电量下的综合电价是指,对该用户分别按照基准套餐和浮动套餐价格套餐进行结算,得出的 2 个套餐的用户度电价格。通过对上述 2 个综合的度电价格进行比较,当基准套餐的价格高于浮动套餐价格时,需要用到用户向下分成比例系数,即用户在基准套餐综合电价基础上分享低于综合电价差值部分的权重系数;当基准套餐的价格低于浮动套餐价格时,需要用到用户向上分成比例系数,即用户在基准套餐综合电价基础上承担高出部分综合电价差值的权重系数。两个综合价格比较后,在基准套餐价格的基础上叠加用户分享或承担的价格进行计算(基准价为分时套餐时,需要逐时段叠加),得到该组合套餐最终生效的零售电价。

案例 47
组合价格模式 2

案例概况

某售电公司希望了解从分时属性的角度,可以配置哪几种类型的组合套餐,相应的约束如何设置。

适用条款

7.4.3. 组合价格模式"（3）组合价格套餐中任何一个基础价格套餐为分时段电价参数进行约定时，该组合价格套餐为分时段类型，按照分时段实际用电量进行结算。（4）电力零售市场运营初期，选用组合价格模式的零售套餐，暂不可约定电量。"

案例点评

按照套餐的分时属性看，组合套餐可以分为三种类型，其一为基准套餐与浮动套餐均为不分时套餐，其二为基准套餐为分时套餐、浮动套餐为非分时套餐，其三为基准套餐与浮动套餐均为分时套餐。考虑到套餐整体的复杂程度，前期便于售电公司与零售用户理解，对于组合价格模式的基准套餐与浮动套餐均不可以约定电量。

案例 48
零售合同的变更

案例概况

某零售用户与售电公司进行零售合同量价变更操作，但变更过程中有一方没有对变更的量价参数进行确认，套餐价格未实现变更。

适用条款

8.2. 零售合同的变更 "零售合约可在双边协商的基础上进行变更，合同条款的变更校验条件与下单时保持一致。零售合同的变更由任意一方发起，当零售双方均确认同意变更零售合约参数时，零售合约对应参数变更生效。零售合同变更的截止时间为交割月前的最后一天，变更次月及后续月份合同条款。"

案例点评

对于购买的零售套餐允许执行中变更量、价、费等参数，零售用户可在各月合约执行前，发起零售套餐价格参数变更申请，售电公司确认后生效。例如，零售用户发起对 7 月的零售合约进行量价变更，在合约变更截止时间 6 月 30 日 24 时之前，购售双方仍就新变更的量价参数未达成一致，则认为本次合约变更没有成功，进入 7 月之后该零售合约按照购售双方变更前约定的量价参数执行。

案例 49
零售用户电费预结算时间

案例概况

某零售用户 4 月其与售电公司约定了基础分时套餐，未约定电量，但 4 月电费账单数据与零售套餐约定情况不一致，用户表示不理解。经核实，按规则在 5 月 6 日内对该用户进行 4 月电费的预结算，用户调平电量确定后进行最终结算，最终结算结果与预结算结果的差额电费随次月电费一并发行。向用户解释后，用户表示认可。

适用条款

9.2.2 零售用户"对选择基础非分时套餐的零售用户，在（M+6）日内进行电费结算并收费。对选择基础非分时以外套餐的零售用户，在（M+6）日内开展月度预结算并收费。其中，对选择非分时组合套餐的零售用户，按基准套餐开展预结算。对选择带有分时属性套餐的零售用户，对分时套餐先按其分时交易均价及月度市场化电量进行预结算。分时交易均价通过分时约定电量与对应时段分时约定价格计算得到。若零售用户和售电公司约定了分时电价，但分时约定电量为零或未约定分时电量，则按照双方约定的分时段电价的算术平均价及月度市场化电量进行预结算。若零售用户与售电公司选择带有分时属性的组合套餐，以基准套餐开展预结算。确定调平电量后，进行最终结算。预结算零售用户的最终结算结果与预结算结果之间的差额电费随次月电费一并发行。"

案例点评

该零售用户签订的零售套餐具有分时属性，未约定分时电量，其预结算分时交易均价为分时段电价的算术平均价。5月6日内，电网企业按照该零售用户与售电公司约定的分时段电价的算术平均值进行4月电费的预结算。调平电量确定后，进行正式结算。于5月25日前进行补差结算。该零售用户最终结算结果=预结算电费+补差电费。

案例 50
零售用户预结算电价

案例概况

　　某电力用户 3 月的预结算电价与零售商城上下单显示电价不一致。经核实，该电力用户签订的 3 月零售套餐为分时、单一且包含价格浮动值套餐，下单时显示电价为套餐预估价格，是依据套餐规则、用电典型曲线及近一年的历史价格浮动值均价综合计算所得，与预结算价格存在一定差异，仅供参考。其展示目的是方便用户和售电公司更直观地对不同套餐进行比较，为零售合作各方提供参考，选择较为满意的套餐选项。月初电费预结算时，分时单一套餐，暂按分时均价与用户当月实际市场化总用电量进行结算。套餐中包含价格浮动值时，以对应类型的当月价格浮动值进行计算。

适用条款

　　7.4.2.2 电价参数 "价格浮动值是指按照事前约定计算逻辑的方式确定价格，按月计算。"《山西省电力零售市场管理实施细则》（V15.0）9.2.2 零售用户 "对选择带有分时属性套餐的零售用户，对分时套餐先按其分时交易均价及月度市场化电量进行预结算。分时交易均价通过分时约定电量与对应时段分时约定价格计算得到。"

案例点评

用户在选择零售套餐时，可以选择零售商城所提供的不同类型典型曲线或者自定义电量代入套餐计算预估价格的服务，提升预估价格的准确性。同时，用户应了解套餐中各项数据的含义，"货"比三家，选择更符合自身用电实际的套餐，不能仅专注于选择预估价格较低的零售套餐，避免造成损失。其中相关政策、规则均已发布至山西电力交易平台信息披露板块，供用户查阅，保障自身利益。

案例 51
售电公司结算周期

案例概况

某售电公司为新入市注册的售电公司，但不清楚参与电力市场交易的结算周期。

适用条款

9.1.1 售电公司"售电公司在批发市场采用'日清月结'的模式。以签约的零售用户市场化实际用电量为基础开展量价清分，出具日清分账单。以月度为周期出具结算依据，开展电费结算。日清分账单不含零售市场售出电量电费。"

9.1.2 零售用户"零售用户在零售市场以月度为周期进行结算，以零售用户市场化实际用电量为基础，依据零售套餐按月开展电费结算。"

案例点评

对售电公司以日为周期进行清分计算、以月度为周期进行电费结算。零售用户以月度为周期进行电费结算。

案例 52
结算电价执行原则

案例概况

某用户为普通零售用户，电压等级为 10kV，2025 年 1 月与某售电公司约定了基础非分时套餐，电费账单中有峰谷电费。增容后电压等级为 35kV，2 月与售电公司签订了基础分时套餐，用户咨询增容后为何电费账单中没有峰谷电费。

适用条款

7.1.5 分类型用户套餐选取"除国家规定的不执行峰谷电价的用户外，参与现货市场的 35kV 及以上电压等级零售用户（多电压等级经营主体按最高电压等级）须选择带有分时段属性的零售套餐。"

9.5 结算电价"零售用户若与签约的售电公司在电力交易平台签订带有分时段属性的零售套餐，零售用户的分时段市场化用电量以售电公司与其签订的分时电价作为结算价格（组合价格套餐以最终计算所得分时电价作为结算价格），不执行晋发改商品发〔2021〕479 号文件（遇政策调整，按最新文件执行，下同）规定的峰谷。未签订带有分时段属性的零售套餐的零售用户，结算时购电价格（不含偏差电量电价）需在约定价格的基础上按晋发改商品发〔2021〕479号文件规定的峰谷时段划分及浮动比例执行。售电公司的售出电价，按其与零售用户在电力交易平台签订的零售套餐价格结算。"

山西省能源局2024年12月3日《关于2025年电力零售交易有关事项的通知》："一、中小用户的范围是除虚拟电厂聚合零售用户外，接入电压等级10kV及以下（多电压等级经营主体按最高电压等级）零售用户。二、中小用户可自主选择分时段或不分时段零售套餐购电，原则上采用基础价格套餐，暂不约定电量；在零售交易平台的中小用户板块，直接下单零售套餐开展交易，套餐签订后不可变更。"

案例点评

本案例中零售用户电压等级为10kV，与售电公司签订基础非分时套餐，按照规则需执行政策性峰谷电价。增容后电压等级为35kV，须与售电公司签订带有分时属性的套餐，不再执行政策性峰谷电价。

案例53
电费结算构成

案例概况

某电力用户看不懂结算电费中交易电费的构成，需要讲解说明。

适用条款

9.7 零售套餐计算原则"以月度为周期开展零售市场结算。

$C_{交易} = C_{电能} + C_{偏差}$

$C_{交易}$、$C_{电能}$、$C_{偏差}$根据本实施细则中零售套餐计算原则确定。

$C_{交易}$为零售用户交易电费,含电能电费和偏差电费,即 $C_{交易} = C_{电能} + C_{偏差}$;其中 $C_{电能}$为零售用户电能电费;$C_{偏差}$为零售用户偏差电费,未约定电量的零售套餐无该费用。"

案例点评

零售商城中约定的零售套餐结算结果即为交易电费,交易电费仅为零售用户到户电费中的一项。结算售电公司零售市场售出电费即代理零售用户结算电费之和,这里的结算电费指的就是交易电费。

案例 54
零售套餐计算原则 1

案例概况

某零售用户与某售电公司签订了基础非分时套餐,约定价格值计算公式为不分时段公式 2[1],参数见表 4-1。该零售用户月度实际市场化用电量 40MWh。其结算价格、电费如何计算。

---

[1] 具体查阅 7.4.2.2 电价参数。

表 4-1 套餐约定电价 单位：元 /MWh

零售主体名称	价格值	价差值
	约定电量价格浮动值	约定电量价差固定值
a	330.00	20

注 1.拟合后的年度交易按日历天数和电量分时段加权出清电价的算术平均值 340 元 /MWh。月度及各旬分时段集中交易（含集中竞价、滚动撮合）按日历天数和电量加权出清电价的算术平均值 315 元 /MWh。

2.表 4-1 中约定价格均为模拟数据，各市场主体应根据实际情况约定套餐。

适用条款

7.4.2.1 电量参数"非分时段套餐类型暂不允许约定电量。"

7.4.2.2 电价参数"（1）价格浮动值 2）不分时段的价格值仅可应用中小板块。公式 2：0.6× 拟合后的年度交易按日历天数和电量分时段加权出清电价的算术平均值 +0.4× 月度及各旬分时段集中交易（含集中竞价、滚动撮合）按日历天数和电量加权出清电价的算术平均值"。

9.7. 零售套餐计算原则"$P_{电价参数}=P_{价格}+P_{价差}$，其中：$P_{电价参数}$为零售套餐中约定的电价参数，包括 $P_{约定}$、$P_{i约定}$、$P_{i偏差}$ 等。"

9.7.1 基础价格套餐计算原则

"（1）非分时且不约定电量套餐 $C_{电能}=P_{约定}×Q_{实际}$"。

案例点评

本案例中，该零售用户与售电公司签订了基础非分时套餐，因此不约定电量。

根据公式计算得到，价格值 =0.6× 拟合后的年度交易按日历天数和电量分时段加权出清电价的算术平均值 +0.4× 月度及各旬分时段集中交易（含集中竞价、滚动撮合）按日历天数和电量加权出清电价的算术平均值 = $0.6 \times 340 + 0.4 \times 315 = 330$ 元 /MWh。

$P_{约定} = P_{价格} + P_{价差} = 350$ 元 /MWh。

零售用户交易电费 $= 350 \times 40 = 14000$ 元。

案例 55
零售套餐计算原则 2

案例概况

某零售用户与售电公司签订了基础分时套餐，未约定电量，约定价格值计算公式为分时段公式 1[1]，参数见表 4-2，全月各时段市场化用电量见表 4-3。该零售用户月度实际用电量 8MWh。其结算价格、电费如何计算。

表 4-2　　　　　　　　　　　套餐约定电价　　　　　　　　　单位：元 /MWh

时段	拟合后的年度交易、月度及各旬分时段集中交易按日历天数和电量分时段加权出清电价	上月日前市场用户侧统一结算点电价各时段加权均价	约定电量价格浮动值	约定电量价差固定值
	A	B	$C=0.9A+0.1B$	D
1	300.00	290.00	299.00	
2	300.00	290.00	299.00	
3	310.00	300.00	309.00	30.00
4	310.00	300.00	309.00	
5	320.00	310.00	319.00	

---

[1] 具体查阅 7.4.2.2 电价参数。

时段	拟合后的年度交易、月度及各旬分时段集中交易按日历天数和电量分时段加权出清电价	上月日前市场用户侧统一结算点电价各时段加权均价	约定电量价格浮动值	约定电量价差固定值
6	320.00	310.00	319.00	
7	330.00	320.00	329.00	
8	330.00	320.00	329.00	
9	340.00	330.00	339.00	
10	340.00	330.00	339.00	
11	350.00	340.00	349.00	
12	350.00	340.00	349.00	
13	360.00	350.00	359.00	
14	360.00	350.00	359.00	
15	370.00	360.00	369.00	30.00
16	370.00	360.00	369.00	
17	380.00	370.00	379.00	
18	380.00	370.00	379.00	
19	390.00	380.00	389.00	
20	390.00	380.00	389.00	
21	400.00	390.00	399.00	
22	400.00	390.00	399.00	
23	410.00	400.00	409.00	
24	410.00	400.00	409.00	

注　例表中约定价格均为模拟数据，各市场主体应根据实际情况约定套餐。

时段	1	2	3	4	5	6
分时电量	0.1	0.2	0.3	0.4	0.2	0.6
时段	7	8	9	10	11	12
分时电量	0.4	0.6	0.3	0.7	0.3	0.3
时段	13	14	15	16	17	18
分时电量	0.2	0.3	0.3	0.2	0.3	0.3
时段	19	20	21	22	23	24
分时电量	0.3	0.1	0.3	0.3	0.1	0.2

表4–3　　　　　全月各时段市场化用电量　　　　单位：MWh

适用条款

7.4.2.2 电价参数"（1）价格浮动值1）分时段的价格值可选择应用于所有零售用户。公式1：$\alpha \times$ [拟合后的年度交易、月度及各旬分时段集中交易（含集中竞价、滚动撮合），两者按日历天数和电量分时段加权出清电价] + $(1-\alpha) \times$ 上月日前市场用户侧统一结算点电价各时段加权均价。其中：α 为中长期价格参考权重，暂定为0.9。"

9.7. 零售套餐计算原则"$P_{电价参数}=P_{价格}+P_{价差}$，其中：$P_{电价参数}$ 为零售套餐中约定的电价参数，包括 $P_{约定}$、$P_{i约定}$、$P_{i偏差}$ 等。"

9.7.1 基础价格套餐计算原则"（2）分时且不约定电量套餐

$C_{电能}=\sum C_{i电能（基础）}+C_{调平}$，$C_{i电能（基础）}=P_{i约定} \times Q_{i实际}$，$C_{调平}=(\sum C_{i电能（基础）})/(\sum Q_{i实际}) \times Q_{调平}$，当分时电量全为0时，将分时交易均价作为调平电价，分时交易均价按照9.2.2规则计算。"

案例点评

$P_{i约定}=P_{i价格}+P_{价差}$，则各时段约定价格见表 4-4。

表 4-4　　　　　　　　　　全月各时段电能量电费

时段	约定价格（元/MWh）	全月各时段市场化用电量（MWh）	全月各时段电能量电费（元）
1	329.00	0.1	32.90
2	329.00	0.2	65.80
3	339.00	0.3	101.70
4	339.00	0.4	135.60
5	349.00	0.2	69.80
6	349.00	0.6	209.40
7	359.00	0.4	143.60
8	359.00	0.6	215.40
9	369.00	0.3	110.70
10	369.00	0.7	258.30
11	379.00	0.3	113.70
12	379.00	0.3	113.70
13	389.00	0.2	77.80
14	389.00	0.3	116.70
15	399.00	0.3	119.70
16	399.00	0.2	79.80
17	409.00	0.3	122.70
18	409.00	0.3	122.70
19	419.00	0.3	125.70
20	419.00	0.1	41.90

续表

时段	约定价格 （元/MWh）	全月各时段市场化用电量 （MWh）	全月各时段电能量电费 （元）
21	429.00	0.3	128.70
22	429.00	0.3	128.70
23	439.00	0.1	43.90
24	439.00	0.2	87.80
合计	—	7.3	2766.7

$\sum C_{i\text{电能（基础）}}$=（ 329×0.1+329×0.2+339×0.3+⋯+439×0.1+439×0.2 ）= 2766.7 元

$$C_{\text{调平}} = \frac{2766.7}{0.1+0.2+\cdots+0.2} \times（8{-}7.3）=265.30 \text{元}$$

零售用户 a 电能电费 $C_{\text{电能}}=\sum C_{i\text{电能（基础）}}+C_{\text{调平}}$=2766.7+265.3=3032 元。

案例 56
零售套餐计算原则 3

案例概况

某零售用户与某售电公司签订基础分时套餐，约定电量，约定价格值计算公式为分时段公式 1，参数见表 4-5，全月各时段市场化用电量见表 4-6。零售用户 a 月度实际市场化用电量 40MWh。其结算价格、电费如何计算。

表 4-5　套餐约定电价

时段	约定电量价格浮动值			约定电量价差固定值（元/MWh）	正偏差电量价差固定值（元/MWh）	负偏差电量价差固定值（元/MWh）	约定电量（MWh）	正偏差免除比例（%）	负偏差免除比例（%）
	拟合后的年度交易、月度及各旬度集中交易时段集中交易按日历天数和电量分时段加权出清电价（元/MWh）	上月月前市场用户侧分一结算电价各时段加权均价（元/MWh）	约定电量价格浮动值（元/MWh）						
1	300.00	290.00	299.00	30.00	5	5	1.50	0	100
2	300.00	290.00	299.00		5	5	1.50	0	100
3	310.00	300.00	309.00		5	5	1.50	0	100
4	310.00	300.00	309.00		5	5	1.50	0	100
5	320.00	310.00	319.00		5	5	1.50	0	100
6	320.00	310.00	319.00		5	5	1.50	0	100
7	330.00	320.00	329.00		5	5	1.50	0	100
8	330.00	320.00	329.00		5	5	1.50	0	100
9	340.00	330.00	339.00		5	5	1.50	0	100
10	340.00	330.00	339.00		5	5	1.50	0	100
11	350.00	340.00	349.00		5	5	1.50	0	100
12	350.00	340.00	349.00		5	5	1.50	0	100

续表

时段	约定电量价格浮动值			约定电量价差固定值（元/MWh）	正偏差电量价差固定值（元/MWh）	负偏差电量价差固定值（元/MWh）	约定电量（MWh）	正偏差免除比例（%）	负偏差免除比例（%）
	拟合后的年度交易、月度及各旬分时段集中交易各时段电价和电量分时段加权出清电价（元/MWh）	上月日前市场用户侧统一结算电价各节点各时段电价加权均值（元/MWh）	约定电量价格浮动值（元/MWh）						
13	360.00	350.00	359.00	30.00	5	5	1.50	0	100
14	360.00	350.00	359.00		5	5	1.50	0	100
15	370.00	360.00	369.00		5	5	1.50	0	100
16	370.00	360.00	369.00		5	5	1.50	0	100
17	380.00	370.00	379.00		5	5	1.50	0	100
18	380.00	370.00	379.00		5	5	1.50	0	100
19	390.00	380.00	389.00		5	5	1.50	0	100
20	390.00	380.00	389.00		5	5	1.50	0	100
21	400.00	390.00	399.00		5	5	1.50	0	100
22	400.00	390.00	399.00		5	5	1.50	0	100
23	410.00	400.00	409.00		5	5	1.50	0	100
24	410.00	400.00	409.00		5	5	1.50	0	100

时段	1	2	3	4	5	6
分时电量	1.8	1.4	1.7	1.7	1.6	1.4
时段	7	8	9	10	11	12
分时电量	1.4	1.4	1.6	1.6	1.6	1.7
时段	13	14	15	16	17	18
分时电量	1.6	1.4	1.7	1.7	1.6	1.4
时段	19	20	21	22	23	24
分时电量	1.4	1.2	1.6	1.6	1.6	1.7

表 4-6 　　　　　　　　全月各时段市场化用电量　　　　　　　单位：MWh

适用条款

7.4.2.2 电价参数"（1）价格浮动值1）分时段的价格值可选择应用于所有零售用户。公式1：$\alpha \times$［拟合后的年度交易、月度及各旬分时段集中交易（含集中竞价、滚动撮合），两者按日历天数和电量分时段加权出清电价］+（$1-\alpha$）×上月日前市场用户侧统一结算点电价各时段加权均价。其中：α 为中长期价格参考权重，暂定为0.9。"

9.7.1 基础价格套餐计算原则

"（3）分时且约定电量套餐

$C_{交易} = C_{电能} + C_{偏差}$

$C_{电能} = \sum C_{i电能（基础）} + C_{调平}$

$C_{偏差} = \sum C_{i偏差（基础）}$

$C_{调平} = (\sum C_{i电能（基础）}) / (\sum Q_{i实际}) \times Q_{调平}$，当分时电量全为 0 时，将分时交易均价作为调平电价，分时交易均价按照 9.2.2 规则计算。

情形一：当 $Q_{i实际} < Q_{i约定下限}$，

$C_{i电能（基础）} = P_{i约定} \times Q_{i实际}$

$C_{i偏差（基础）} = P_{i偏差} \times (Q_{i约定下限} - Q_{i实际})$

情形二：当 $Q_{i约定下限} \leq Q_{i实际} \leq Q_{i约定上限}$ 时，

$C_{i电能（基础）} = P_{i约定} \times Q_{i实际}$

$C_{i偏差（基础）} = 0$

情形三：当 $Q_{i实际} > Q_{i约定上限}$ 时，

$C_{i电能（基础）} = P_{i约定} \times Q_{i实际}$

$C_{i偏差（基础）} = P_{i偏差} \times (Q_{i实际} - Q_{i约定上限})$

$Q_{i约定下限} = Q_{i约定} \times (1 - \lambda_{负偏差免除比例})$

$Q_{i约定上限} = Q_{i约定} \times (1 + \lambda_{正偏差免除比例})$"

案例点评

$P_{i约定} = P_{i价格} + P_{价差}$，则各时段约定价格、正偏差电量电价、负偏差电量电价见表4-7。

表4-7　　　　　　　　　约定电量电价参数及电费结果

时段	约定电量电价参数						全月各时段市场化用电量（MWh）	各时段电能电费（元）	偏差电费（元）
	约定价格（元/MWh）	正偏差电量电价（元/MWh）	负偏差电量电价（元/MWh）	约定电量（MWh）	约定电量上限（MWh）	约定电量下限（MWh）			
1	329.00	5	5	1.50	1.50	0	1.8	592.20	1.50
2	329.00	5	5	1.50	1.50	0	1.4	460.60	0.00
3	339.00	5	5	1.50	1.50	0	1.7	576.30	1.00
4	339.00	5	5	1.50	1.50	0	1.7	576.30	1.00
5	349.00	5	5	1.50	1.50	0	1.6	558.40	0.50
6	349.00	5	5	1.50	1.50	0	1.4	488.60	0.00
7	359.00	5	5	1.50	1.50	0	1.4	502.60	0.00

时段	约定电量电价参数						全月各时段市场化用电量（MWh）	各时段电能电费（元）	偏差电费（元）
	约定价格（元/MWh）	正偏差电量电价（元/MWh）	负偏差电量电价（元/MWh）	约定电量（MWh）	约定电量上限（MWh）	约定电量下限（MWh）			
8	359.00	5	5	1.50	1.50	0	1.4	502.60	0.00
9	369.00	5	5	1.50	1.50	0	1.6	590.40	0.50
10	369.00	5	5	1.50	1.50	0	1.6	590.40	0.50
11	379.00	5	5	1.50	1.50	0	1.6	606.40	0.50
12	379.00	5	5	1.50	1.50	0	1.7	644.30	1.00
13	389.00	5	5	1.50	1.50	0	1.6	622.40	0.50
14	389.00	5	5	1.50	1.50	0	1.4	544.60	0.00
15	399.00	5	5	1.50	1.50	0	1.7	678.30	1.00
16	399.00	5	5	1.50	1.50	0	1.7	678.30	1.00
17	409.00	5	5	1.50	1.50	0	1.6	654.40	0.50
18	409.00	5	5	1.50	1.50	0	1.4	572.60	0.00
19	419.00	5	5	1.50	1.50	0	1.4	586.60	0.00
20	419.00	5	5	1.50	1.50	0	1.2	502.80	0.00
21	429.00	5	5	1.50	1.50	0	1.6	686.40	0.50
22	429.00	5	5	1.50	1.50	0	1.6	686.40	0.50
23	439.00	5	5	1.50	1.50	0	1.6	702.40	0.50
24	439.00	5	5	1.50	1.50	0	1.7	746.30	1.00
总计	—	—	—	—	—	—	37.4	14350.60	12.00

以时段 1 为例：

$$Q_{1约定下限} = Q_{1约定} \times （1 - \lambda_{负偏差免除比例}） = 1.5 \times （1-1） = 0MWh$$

$$Q_{1约定上限} = Q_{1约定} \times （1 + \lambda_{正偏差免除比例}） = 1.5 \times 1 = 1.5MWh$$

$Q_{1实际}$为该零售用户当月全月时段 1 的市场化用电量 =1.8MWh

$Q_{1实际}$ =1.8MWh> $Q_{1约定上限}$

$C_{1电能（基础）}$ = $P_{1约定}$ × $Q_{1实际}$ =329×1.8=592.20 元

$C_{1偏差（基础）}$ = $P_{1偏差}$ ×（ $Q_{1实际}$ - $Q_{1约定上限}$ ）=5×（1.8-1.5）=1.5 元

则零售用户 a 交易电费计算如下：

$\sum C_{i电能（基础）}$ =329×1.8+329×1.4+339×1.7+339×1.7+……+429×1.6+439×1.6+439×1.7=14350.60 元

$C_{偏差}$ = $\sum C_{i偏差（基础）}$ =1.5+0+1+1+……+0.5+1=12 元

$C_{调平}$ =（ $\sum C_{i电能（基础）}$ ）/（ $\sum Q_{i实际}$ ）× $Q_{调平}$ = $\dfrac{14350.60}{1.8+1.4+……+1.6+1.7}$ ×[40-（1.8+1.4+……+1.6+1.7）]=997.65 元

$C_{电能}$ = $\sum C_{i电能（基础）}$ + $C_{调平}$ =14350.60+997.65=15348.25 元

该零售用户交易电费 $C_{交易}$ = $C_{电能}$ + $C_{偏差}$ = $\sum C_{i电能（基础）}$ + $C_{调平}$ + $\sum C_{i偏差（基础）}$ =14350.60+997.65+12=15360.25 元

案例 57
组合价格套餐计算原则

案例概况

某零售用户与某售电公司签订组合价格套餐，为基准分时 + 浮动非分时，基准套餐约定价格值计算公式为分时段公式 1，浮动套餐约定价格值计算公式为不分时段公式 2，参数见表 4-8~ 表 4-10。该零售用户月度实际用电量 40MWh。其结算价格、电费如何计算。

表 4–8　　　　　　　　　　基准套餐约定电价　　　　　　单位：元 /MWh

时段	拟合后的年度交易、月度及各旬分时段集中交易按日历天数和电量分时段加权出清电价	上月日前市场用户侧统一结算点电价各时段加权均价	约定电量价格浮动值	约定电量价差固定值
	A	B	C=0.9A+0.1B	D
1	300.00	290.00	299.00	
2	300.00	290.00	299.00	
3	310.00	300.00	309.00	
4	310.00	300.00	309.00	
5	320.00	310.00	319.00	
6	320.00	310.00	319.00	
7	330.00	320.00	329.00	
8	330.00	320.00	329.00	
9	340.00	330.00	339.00	
10	340.00	330.00	339.00	
11	350.00	340.00	349.00	
12	350.00	340.00	349.00	
13	360.00	350.00	359.00	30.00
14	360.00	350.00	359.00	
15	370.00	360.00	369.00	
16	370.00	360.00	369.00	
17	380.00	370.00	379.00	
18	380.00	370.00	379.00	
19	390.00	380.00	389.00	
20	390.00	380.00	389.00	
21	400.00	390.00	399.00	
22	400.00	390.00	399.00	
23	410.00	400.00	409.00	
24	410.00	400.00	409.00	

表4-9   浮动套餐约定电价   单位：元/MWh

零售主体名称	价格值			价差值		约定价格
	拟合后的年度交易按日历天数和电量分时段加权出清电价的算术平均值	月度及各旬分时段集中交易（含集中竞价、滚动撮合）按日历天数和电量加权出清电价的算术平均值	约定电量价格浮动值	约定电量价差固定值	约定电量价差浮动值	
	A	B	C=0.6A+0.4B	D	E	F
a	340.00	315.00	330.00	20.00	—	350.00

表4-10   其他参数

零售主体名称	向上承担比例	向下承担比例
a	0.00	0.10

适用条款

7.4.2.2 电价参数"（1）价格浮动值1）分时段的价格值可选择应用于所有零售用户。公式1：α×［拟合后的年度交易、月度及各旬分时段集中交易（含集中竞价、滚动撮合），两者按日历天数和电量分时段加权出清电价］+（1-α）×上月日前市场用户侧统一结算点电价各时段加权均价。其中：α为中长期价格参考权重，暂定为0.9。"

7.4.2.2 电价参数"（1）价格浮动值2）不分时段的价格值仅可应用中小板块。公式2：0.6×拟合后的年度交易按日历天数和电量分时段加权出清电价的算术平均值+0.4×月度及各旬分时段集中交易（含集中竞价、滚动撮合）按日历天数和电量加权出清电价的算术平均值。"

9.7.2. 组合价格套餐计算原则

"当$Q_{实际}$不为0时，

情形一：当 $C_{基准} \geqslant C_{浮动}$ 时，

$P_{组合套餐差价} = （C_{浮动} - C_{基准}）/Q_{实际} \times K_{向下}$

情形二：当 $C_{基准} < C_{浮动}$ 时，

$P_{组合套餐差价} = （C_{浮动} - C_{基准}）/Q_{实际} \times K_{向上}$

（1）基准套餐为非分时套餐时：

$P_{组合} = P_{基准} + P_{组合套餐差价}$

$C_{电能} = P_{组合} \times Q_{实际}$

（2）基准套餐为分时套餐时：

$C_{交易} = C_{电能} + C_{偏差}$

$C_{电能} = \sum C_{i电能（组合）} + C_{调平}$

$C_{偏差} = \sum C_{i偏差（组合）}$

$C_{i电能（组合）} = C_{i电能（基准）} + P_{组合套餐差价} \times Q_{i实际}$

$C_{调平} = （\sum C_{i电能（组合）}）/（\sum Q_{i实际}）\times Q_{调平}$，当分时电量全为 0 时，将零售用户基准套餐分时交易均价作为调平电价，分时交易均价按照 9.2.2 规则计算。

当 $C_{偏差（基准）} \geqslant C_{偏差（浮动）}$ 时，$C_{i偏差（组合）} = C_{i偏差（基准）} \times （1 - K_{向下}） + C_{i偏差（浮动）} \times K_{向下}$

当 $C_{偏差（基准）} < C_{偏差（浮动）}$ 时，$C_{i偏差（组合）} = C_{i偏差（基准）} \times （1 - K_{向上}） + C_{i偏差（浮动）} \times K_{向上}$

当 $Q_{实际}$ 为 0 时，

$C_{电能} = 0$

$C_{交易} = C_{偏差} = \sum C_{i偏差（组合）}$

$C_{i偏差（组合）}$ 与 $Q_{实际}$ 不为 0 时，偏差电费计算公式相同。"

7.4.3. 组合价格模式"（4）电力零售市场运营初期，选用组合价格模式的零售套餐，暂不可约定电量。"

案例点评

$P_{i约定} = P_{i价格} + P_{价差}$，则各时段约定价格见表4-11。

表4-11　　　　　　约定电量电价参数及电费结果

| 时段 | 基准套餐 | | 全月各时段市场化用电量（MWh） | 组合价格综合结算差价（元/MWh） | 组合套餐全月各时段电能电费 $C_{i电能（组合）}$（元） |
	约定价格（元/MWh）	电能电费（元）			
1	329.00	592.20	1.8		586.13
2	329.00	460.60	1.4		455.88
3	339.00	576.30	1.7		570.57
4	339.00	576.30	1.7		570.57
5	349.00	558.40	1.6		553.01
6	349.00	488.60	1.4		483.88
7	359.00	502.60	1.4		497.88
8	359.00	502.60	1.4		497.88
9	369.00	590.40	1.6		585.01
10	369.00	590.40	1.6		585.01
11	379.00	606.40	1.6		601.01
12	379.00	644.30	1.7		638.57
13	389.00	622.40	1.6	−3.37	617.01
14	389.00	544.60	1.4		539.88
15	399.00	678.30	1.7		672.57
16	399.00	678.30	1.7		672.57
17	409.00	654.40	1.6		649.01
18	409.00	572.60	1.4		567.88
19	419.00	586.60	1.4		581.88
20	419.00	502.80	1.2		498.76
21	429.00	686.40	1.6		681.01
22	429.00	686.40	1.6		681.01
23	439.00	702.40	1.6		697.01
24	439.00	746.30	1.7		740.57
合计	—	14350.60	37.4		14224.56

参考案例 53、案例 55 分别计算基准套餐、浮动套餐电能电费：

该零售用户基准套餐电能电费 $C_{基准}$=15348.25 元

浮动套餐电能电费 $C_{浮动}$=14000 元

$Q_{实际}$=40MWh 不为 0，且 $C_{基准}$=15348.25>$C_{浮动}$=14000

$P_{组合套餐差价}$=（$C_{浮动}$−$C_{基准}$）/$Q_{实际}$×$K_{向下}$=（14000−15348.25）/40×0.1= −3.37 元 /MWh

基准套餐为分时套餐，则

$C_{i电能（组合）}$=$C_{i电能（基准）}$+$P_{组合套餐差价}$×$Q_{i实际}$

$$C_{调平}=（\sum C_{i电能（组合）}）/（\sum Q_{i实际}）×Q_{调平}=\frac{586.13+455.88+\cdots\cdots+697.01+740.57}{1.8+1.4+\cdots\cdots+1.6+1.7}$$

×［40−（1.8+1.4+……+1.6+1.7）]=380.34×2.6=988.88 元

该零售用户电能电费 $C_{电能}$=$\sum C_{i电能（组合）}$+$C_{调平}$=（586.13+455.88+……+ 697.01+740.57）+988.88=15213.44 元

案例 58
售电公司电费结算

案例概况

某售电公司参与电力市场交易，批发市场交易类型为普通，某月中长期交易市场的合约电费为 50000 元，日前市场的结算电费为 −5000 元，实时市场的结算电费为 −3000 元，月度结算的调平电费为 400 元，用户侧价差调整电费分摊费用为 40 元，市场运营费用为 6000 元，零售市场售出电费为 51000 元，售电公司咨询其结算电费如何计算。

适用条款

9.2.1 售电公司"售电公司结算电费采取费差方式,即:售电公司结算电费=零售市场售出电费－批发市场购电费。"

12.2 批发用户月总电费计算

"批发用户交易电费包括电能量电费、市场运营费用。

$$C_{交易}=C_{电能}+C_{市场运营费用(用户)}$$

其中:

$$C_{电能}=C_{合约}+C_{日前}+C_{实时}+C_{调平用电}+C_{价差调整分摊}"$$

案例点评

该售电公司批发市场购电费=中长期交易市场的合约电费+日前市场的结算电费+实时市场的结算电费+月度结算的调平电费+用户侧价差调整电费分摊费用+市场运营费用=50000－5000－3000+400+40+6000=48440元。因此,售电公司该月结算电费=零售市场售出电费－批发市场购电费=51000－48440元=2560元。

五、现货市场交易

该部分案例默认引用《电力市场规则体系（V15.0）》中《电力现货市场实施细则》作为案例适用条款，如引用其他相关政策、规则，将单独说明。

案例 59
调频市场与现货能量市场的协调 1

案例概况

某火电企业（容量为 600MW）某日申报调频，以 0 价申报至高负荷向下调频，而日前电价远低于发电成本，导致中标大量低于成本电量，实际以远低于成本电价发电，调频过程中调频收益难以弥补发电造成的亏损，造成大量亏损。

适用条款

6.3.1 调频市场与现货能量市场的协调 "若调频机组实际发电出力低于日前现货交易计划，且其实际发电出力所在报价段的报价低于其实时节点电价，按照其实时节点电价与报价或 K 倍基准电价较大者的正差价对该 15min 时段机组日前计划超过实际发电的上网电量进行补偿（补偿价格由实时价格与报价的正差价调整为实时节点电价与报价或 K 倍基准电价较大者的正差价）。"

案例点评

该火电企业对现货规则的变化理解不彻底，对现货规则变化后对自身收益的影响分析不清，在现货与辅助服务市场结合后申报未做改变，导致产生不必要的亏损，市场主体应充分理解现货交易规则，及时根据现货规则的修正交易策略。

案例 60

调频市场与现货能量市场的协调 2

案例概况

某火电企业（容量为 600MW）某日申报调频，未充分了解自身机组的带负荷能力，以 398.4 元 /MWh 价格申报现货，同时申报调频，全天中标 5 段调频，实际调频过程中实时电价远低于成本价，调频市场波动较大，由于自身机组响应能力较差，全天调频 K_P 值仅为 1.6，低于市场均值的 0.5 倍，导致在调频过程中量价补偿收益为 0，现货市场造成的亏损无法弥补。

适用条款

6.3.1 调频市场与现货能量市场的协调 "为进一步引导火电机组提升调频服务质量，增加调频性能筛查机制，根据每 15min 的机组 i 排序出清性能指标 $K_{P\,排序}$（即最近一天参与调频市场出清的历史调频性能指标）与机组 i 实际执行的性能指标 $K_{P\,实际}^{i}$ 及 $K_{1\,实际}^{i}$，对机组 i 的调频量价补偿费用进行调整，具体如下："

序号	类型	补偿建议
1	$K_{P\,实际}^{i} \geqslant 0.85 \times K_{P\,排序}^{i}$	全额补偿
2	$0.7 \times K_{P\,排序}^{i} \leqslant K_{P\,实际}^{i} < 0.85 \times K_{P\,排序}^{i}$	补偿 $a\%$
3	$0.5 \times K_{P\,排序}^{i} \leqslant K_{P\,实际}^{i} < 0.7 \times K_{P\,排序}^{i}$	补偿 $b\%$
4	$K_{P\,实际}^{i} < 0.5 \times K_{P\,排序}^{i}$ 或 $K_{P\,实际}^{i} < 1$ 或 $K_{1\,实际}^{i} < 0.5$	不补偿

案例点评

该火电企业对自身机组调节性能了解不清，对调频量价补偿规则理解不透彻，在自身调节性能不佳的情况下申报调频，导致产生不必要的亏损，市场主体应充分理解现货交易规则及自身机组调节性能，适当选择参与调频市场。

案例 61
调频市场与现货能量市场的协调 3

案例概况

某火电企业（容量为 600MW）某日申报调频，对现货电价预测不精准，以 282.2 元 /MWh 的价格申报至高负荷，全天现货均价 291.3 元 /MWh，而自身发电成本在 350 元 /MWh，申报调频过程中因自身 K_p 值较低未能中标调频时段，导致全天机组负荷处于高负荷时段以低于成本价的电价进行发电，造成大量亏损。

适用条款

6.3.1 调频市场与现货能量市场的协调 "调频市场在日前现货市场机组组合确定后开展。采取集中竞价、边际出清的组织方式，确定次日五个时段 00：00~06：00，06：00~12：00，12：00~16：00，16：00~21：00，21：00~24：00）的系统所需的调频容量和调频机组序列。"

案例点评

该火电企业对现货市场电价预测不精准，且对自身 K_p 值在市场中的竞争力了解不清，导致中标大量低于自身成本的电量而未中标调频时段，导致产生不必要的亏损，市场主体应充分理解现货交易规则、自身机组调节性能及对市场供需关系进行充分分析，适当选择参与调频市场。

案例 62
发电机组（群）必开约束

案例概况

某火电企业（容量为 300MW、供热机组）核定供热期为 11 月 15 日至次年 3 月 15 日，在此时段为供热必开机组。3 月初，所属地区最低环境温度已达 10℃以上，供热量仅为极寒天气的 30%，3 月新能源出力开始走高，现货电价走低，全天 0 价时段增长，该火电企业计划停运一台机组，转出中长期电量获取价差收益，但受双机供热必开状态约束，通过报价未能实现停机。后由当地城市热力中心出具证明，经省调同意后实现停运。

适用条款

7.1.1.9 电网安全约束（2）发电机组（群）必开约束"出现以下情况时，电力调度机构设置必开机组：3）因保供电、保供热、保民生或政府要求，需要提高安全裕度而增开或维持开机状态的机组；电力调度机构在事前信息发布中需包含必开机组的计划安排，明确相应的必开时段，必开机组应提前做好开机准备，确保在运行日能够正常开机运行。"

案例点评

供热机组在供热季，应按照供热初期、极寒期、供热末期，结合所属地区的气候情况及供热量，分时期申报供热必开机组台数，在保证城市供热的情况下，提高机组的灵活性，实现收益最大化。

案例 63
电网安全约束

案例概况

某火电企业在日前申报时，按照申报计划，晚高峰时段日前计划中标负荷 660MW，但由于输电线路单回路检修，输电线路单线运行，为保障电网安全运行，单线路运行期间线路潮流不超限，日前出清时该发电企业晚高峰出力为机组最低运行出力 330MW。日前出清电价低于市场平均出清电价。

适用条款

7.1.1.9 电网安全约束"出现以下情况时，电力调度机构可调整线路极限功率、断面极限功率：1）因上级调度指令要求或系统安全运行需要，将线路、断面潮流控制在指定值以内。"

案例点评

电网安全运行是现货市场运行的安全约束条件，当遇到影响线路安全运行的情况，按照要求出清时要考虑线路安全运行的极限潮流，确保线路潮流控制在极限值以下，保证线路安全运行。

案例 64
发电机组出力上下限约束申报

案例概况

某火电企业（容量为 300MW）某日报价前，已提前获悉机组受背压、煤质影响无法满出力运行，最高接带 90% 负荷，但预测到实时供需宽松，未申报影响出力，且出力受限负荷段，申报价格仅 800 元 /MWh。在实时运行过程中，受晚高峰直调负荷突增，实时电价至 1200 元 /MWh，机组指令 300MW，实际接带 270MW，因未如实申报影响出力和申报价格问题，期间造成发电计划考核约 3.6 万元，调峰考核约 4.5 万元；如果如实申报影响出力和提高出力受阻段申报价格，将无发电计划考核，调峰考核约 0.2 万元。

适用条款

7.1.2.3. 发电机组出力上下限约束申报"竞价日 08:00 前，各火电机组通过调度现货及辅助服务市场技术支持平台申报机组出力上限、影响出力（即发电受阻容量）及受限原因。如未申报，默认为机组基本调峰能力上限，承担供热任务的机组上限为能监办核准的供热上限。影响出力经调度机构批准后，可根据火电机组申报的上限作为边界条件优化出清。"

案例点评

火电机组如因煤质、环保、背压或设备故障原因，造成出力受限时，要通过调度现货及辅助服务市场技术支持平台如实申报机组受阻容量，并在出力受阻段申报高价，一是可以避免发电计划考核和减少调峰考核；二是各火电都如实申报受阻出力，实时边界条件无突变的情况下，可以减小实时与日前电价差。

案例 65
在运机组试验（调试）

案例概况

某火电企业计划于在 D 日做 AGC 灵活性实验，（$D-2$）日 9 点之前向调度机构提出申请，并注明实验时段以及每 15min 得机组调试计划出力，获得批准后派专人负责 AGC 实验测试。实验时段的电量按实验负荷折上网电量计量，节点电价均按该时段实时节点电价结算。

适用条款

7.1.2.5 发电机组调试及试验计划（2）在运机组试验（调试）"竞价日前一天（$D-2$）09：00 前，经调度机构审核同意于运行日进行试验（调试）的在运机组，应通过调度现货及辅助服务市场技术支持平台向调度机构报送运行日调试时段内每 15min 的机组调试出力计划，并提交相应的试验申请票，由调度机构审核同意后生效。

因电厂原因处于调试状态的机组运行日全天各时段均固定出力，调试时段的出力为经调度机构审核同意的出力，在确保电网安全运行的基础上，在现货电能量市场中作为价格接受者进行出清。非调试时段，原则上按最小稳定技术出力安排。"

案例点评

机组实验或调试需要提前向调度机构报批，由于结算电量和电价都按照节点实时情况计量，故需要选择合适的时间进行机组的调试实验。

案例 66
发电机组日前缺省申报 1

案例概况

某发电企业某日因现场工作较多，当值值长规定时间内未进行日前现货申报，导致机组停机，日前大量中长期高价转出，造成损失。

适用条款

7.3 交易申报"现货电能量市场每日连续运行，各发电机组需每日向市场运营机构提交申报信息，迟报、漏报或不报者均默认采用缺省值（市场申报价格上限）作为申报信息。"

案例点评

市场主体的日前迟报、误报或不报都对市场主体生产造成不利影响的同时，也造成巨大的收益损失。市场主体在开展现货市场交易前，应仔细核对拟申报信息，并指定专人在系统中如实填报。

案例 67
发电机组日前缺省申报 2

案例概况

某火电企业（容量为 300MW）在 7 月某日因人为因素在竞价日 09：30 前未能完成日前电能量市场交易申报，次日现货出清按照缺省报价信息参与市场出清，因现货价格原因，日前及日内均按照 50% 出清，造成现货收益实际损失。

适用条款

7.3.1 发电机组申报交易信息"竞价日 09:30 前，所有机组必须通过电力市场交易系统完成日前电能量市场交易申报。火电机组需滚动申报未来三天的现货市场价格信息。若该机组未按时申报，则未申报的日期按照缺省报价信息参与市场出清。"

案例点评

现货电能量市场每日连续运行，各发电机组需每日向市场运营机构提交申报信息，迟报、漏报或不报者均默认采用缺省值（市场申报价格上限）作为申报信息。各发电机组要安排专人负责，并按要求每日按时进行申报。

案例 68
供热火电机组申报

案例概况

某火电企业机组容量为 350MW，供热核定运行上限为 310MW，某日某时段由于供热量变化，预计机组实际运行上限可达 330MW，发电企业 A 机组该时段运行上限按照 330MW 申报，增加发电量收入。

适用条款

7.3.1 火电机组申报"允许火电机组自行申报分五个时段的运行上限。非供热期，申报数值不得低于装机容量的 90%。供热期，非供热机组申报数值不得低于装机容量的 90%，供热机组申报数值不得低于政府核定供热上限的 90%、可高于政府核定的供热上限但不高于装机容量。"

案例点评

供热期间，发电企业可根据实际情况申报机组运行上限，满足供热的同时保证机组发电效益。

案例 69
发电机组申报交易信息 1

案例概况

某火电企业（容量为 300MW）某日因报价人员疏忽，在电力现货市场日前申报时，日期选择为（D+1）日，D 日报价方案为（D-2）日滚动申报保开机方案，导致全天出力满负荷运行。在实时运行过程中，因煤种调整不及时以及设备出力受限等原因，机组无法跟踪实时指令，偏差电量因实时价格走高，以实时价格亏损转出，还造成较多双细则考核，给公司带来较大亏损。

适用条款

7.3.1 发电机组申报交易信息"竞价日 09：30 前，所有机组必须通过电力市场交易系统完成日前电能量市场交易申报。火电机组需滚动申报未来三天的现货市场价格信息。若该机组未按时申报，则未申报的日期按照缺省报价信息参与市场出清。"

案例点评

该火电企业在现货市场日前申报前，应仔细核对申报的日期、电量、电价等信息，公司应严格按照现货交易申报流程，申报结束后层级审核，若因报价人员疏忽又没能及时发现，可能会造成机组缺省申报面临停机风险或者未按预期报价方案申报导致公司利益受损。各发电主体应加强现货交易风险防控管理措施，参与现货交易人员应严格执行制度流程，避免因人为误操作导致市场边界信息不符以及企业受损等情况。

案例70
发电机组申报交易信息2

案例概况

某光伏电站（100MW）在竞价日（D-1）日预测运行日11时出力30MW，气象数据显示运行日全省大部分区域有雷阵雨天气，考虑该时段光伏电站实际出力存在欠发可能性（不超过10MW），研判全省新能源出力变化导致现货日内电价远高于日前电价时，将会造成现货实时市场严重倒挂现象。光伏电站根据气象数据调整光功率预测曲线，按照客观发电预测能力申报出力为8MW，实际日前中标负荷由30MW调整为8MW，减少日内现货市场亏损的风险。

适用条款

7.3.1 发电机组申报交易信息"新能源场站在向调度机构申报功率预测曲线的基础上，还需向交易平台申报次日96点的交易曲线，将功率预测曲线申报与交易曲线申报解耦。"

案例点评

通过对光伏电站功率预测曲线的调整，提高了电站功率预测的准确性，提升电网的安全稳定性。光伏电站调整功率预测曲线，减少因实际出力偏低而造成的倒挂现象，保障光伏电站的稳定收益。

案例 71
发电机组申报交易信息 3

案例概况

某火电机组容量为 350MW，在日前竞价日申报爬坡速率阶段，将五个时段均按爬坡上限 3% 进行申报，且五个时段均参与调频，由于运行日受设备状况及煤质变化影响，机组升降负荷受限，导致跟踪日内出力计划相对滞后，影响该机组"两个细则"考核费用增加，机组运行日实际 K_p 值下降，影响机组参与调频辅助服务收益。

适用条款

7.3.1 发电机组申报交易信息"允许火电机组自行申报确定爬坡速率。为进一步释放火电机组的调节能力，每日火电机组可按照五个时段（00:00~06:00，06:00~12:00，12:00~16:00，16:00~21:00，21:00~24:00）自行申报未来三天各时段的爬坡速率，爬坡速率申报范围限值暂定为每分钟调整装机容量的 0.8%~3%"。

案例点评

火电机组发电能力在不同运行日受设备状况及煤质变化影响较大，同时机组参与实时调频获得补偿收益与实际运行 K_p 值相关，因此机组在日前申报电能量价格、爬坡等关键数据时，应结合机组实际状况，防止因爬坡受限影响参与辅助服务市场收益及"两个细则"考核费用增加。

案例 72
发电机组申报交易信息 4

案例概况

某火电企业检修机组转备用后计划启动，考虑市场备用机组相对较多，启机意愿强烈，启动费用申报为 0 元，机组按调度计划正常启动，少收入 100 万元启动费用。

适用条款

7.3.1 发电机组申报交易信息（1）火电机组申报"300 兆瓦级至 660 兆瓦级容量的机组启动费用申报上限为 100 万元 / 次。"

案例点评

对现货市场机组启动情况分析不到位，导致损失启动费用 100 万元。

案例 73
发电机组申报交易信息 5

案例概况

某新能源企业未按照要求向交易平台申报次日 96 点的交易曲线，依旧在功率预测系统修改功率预测原始曲线。

适用条款

7.3.1 发电机组申报交易信息（2）新能源场站申报"新能源场站按照'报量不报价'的方式参与现货交易。每日 08:00 前，在现有功率预测系统中申报次日 96 点发电预测曲线、不申报价格。电力交易中心平台具备条件后，新能源场站在向调度机构申报功率预测曲线的基础上，还需向交易平台申报次日 96 点的交易曲线，将功率预测曲线申报与交易曲线申报解耦。"

案例点评

以山西电力交易平台新能源日前申报值进行出清，功率系统预测数据保持原始功率厂家预测值，二者区分，提升了调度的经济性和调度数据的安全性，更好体现市场主体自主性；另外，将功率预测曲线申报与交易曲线申报解耦，意味着涉及到双细则日前功率预测准确率不再受到交易策略曲线的影响，可以避免大量因日前准确率不符合要求造成的双细则考核。市场主体应严格按照规则要求，将功率预测与交易曲线申报分解开来，一方面，要实时跟踪功率预测原始数据的准确率，及时联系沟通厂家修正模型，另一方面，要做好交易曲线申报时 96 个点的数据上传的准确率，避免因小失大，造成策略申报时数据偏差过大，产生大量经济损失。

案例 74
电力用户申报交易信息

案例概况

某售电公司，在现货（$D+1$）日申报时间晚于 09:30，且无预先申报。当日该主体 01:15~01:30 时点，日前申报电量（等于中长期合约电量）是实际用电量的 121%，日前市场出清价格低于实时市场出清价格，该用户高于实际用电量 120% 的部分，触发超额获利回收机制；18:45~19:00 时点，日前申报电量（等于中长期合约电量）是实际用电量的 79%，日前市场出清价格高于实时市场出清价格，该售电公司低于实际用电量 80% 的部分，触发超额获利回收机制；13:00~13:15 时点，日前申报电量（等于中长期合约电量）是实际用电量的 119%，日前市场出清价格高于实时市场出清价格，该用户虽未触发超额获利回收机制，但超过实际用电量的部分在现货市场中高买低卖，造成亏损。

适用条款

7.3.2 电力用户申报交易信息"竞价日 09:30 前，参与批发市场的电力用户（含售电公司）在电力市场交易系统中申报下述信息：电力用户在电力市场交易系统中，申报其运行日的 96 点用电量需求曲线"；"用户侧缺省申报，按照其运行日所持有的中长期合约分时电量合计值进行填报。"

案例点评

市场主体的申报信息的准确性关系着自身的实际利益。如果出现误报、漏报，不仅会对电网的负荷预测造成影响，最主要的是会损害市场主体的收益。因此，用电侧市场主体在进行现货市场交易之前，务必按照规定时间节点仔细核对拟申报的关键信息，并准确填报至电力交易平台中。

案例 75
市场力行为分类

案例概况

某月省间现货连续多日出现高价，市场省间现货申报意愿强烈，多市场主体日前省内现货以最高价最低负荷申报省内现货。日前预留出大量可发负荷，并以最低价申报中标大量省间高价现货，获利较大，但造成省内现货市场价格波动剧烈。

适用条款

7.4.3.1 市场力行为分类"市场持留行为指经营主体通过物理持留和经济持留等不正当手段，影响市场成交结果，扰乱市场秩序的行为。物理持留指经营主体故意限制自身发电能力，从而减少市场有效供应、提高市场价格；经济持留指经营主体对部分机组故意进行不经济的报价，从而抬高同一控制关系的经营主体整体收益。"

案例点评

现货市场运行中，在某特定时段内，因市场运行机制与实际运行存在偏差等原因影响，易出现市场部分主体非联合性持留行为。需市场交易规则及时调整修正，避免部分主体出现不合理收益。

案例 76
日前电能量市场的出清过程

案例概况

某火电企业（容量为 600MW）在 3 月某日，1 号机组批复启动时间为 16:00~19:00，按照当日的现货报价 19:00 应该接带至满负荷出力，但是由于某种原因机组到 20:00 才并网，并于 21:30 接带至满负荷。造成市场价格波动，同时造成现货收益损失。

适用条款

7.5 日前电能量市场的出清过程"电力调度机构将次日系统负荷预测曲线、用电侧申报曲线、联络线外送计划、各机组报价、机组运行参数、线路运行参数等作为输入信息，以全网发电成本最小化为目标。出清得到日前电能量市场交易结果，包括机组开停计划、发电计划曲线、分时电价和节点电价。"

案例点评

电力调度机构的日前出清曲线及价格包括了机组开停计划、发电计划曲线。但是由于启动机组未按时间完成并网及接带负荷操作，必将导致市场价格的波动，同时也影响该机组的现货收益。

案例 77
日前发电终计划

案例概况

某火电企业（容量 600MW），在 10 月机组备用状态下，通过调度现货及辅助服务市场技术支持平台申报机组启动，并且在机组启动中标，日前现货市场计划曲线为 15:00 并网。因自身原因未能在当日内并网，机组启动费用未予补偿。

适用条款

7.11 日前发电终计划"若某停备火电机组日前市场中标后，未按照市场出清结果启动并网，则将该机组的最小停机时间延长至 72h，并在下次并网后，将该机组的最小在线运行时间缩短至 24h，相应的启动费用不予补偿。"

案例点评

因该机组自身原因导致未能在规定时间并网，影响了电网安全经济运行和现货市场价格，使得部分地区市场主体收益受损。因自身原因不能启动，要及时反馈或是列为临修机组，不得在日前出清曲线下发的情况下不按时并网。

案例 78
实时现货市场组织方式 1

案例概况

某风电场站（50MW）在竞价日（*D*-1）日预测运行日全天出力约30MW，气象数据显示运行日全省大部分区域有降雪天气，考虑运行日预测出力较大，所以未考虑极端天气可能带来的风电机组覆冰等情况，风电场站未对风功率预测曲线进行调整。运行日（*D*日）时，全省大范围降雪、大风，全省风电机组出力受限，实时新能源出力较日前功率预测大幅欠发，导致实时节点电价为1500元/MWh，远高于日前。

适用条款

8.1 组织方式 "实时现货市场定位为在日前电能量市场出清的基础上，依据日内超短期负荷预测、新能源功率预测申报等边界条件变化，按照规则形成实时发电计划与实时节点电价。"

案例点评

该风电场应建立机组覆冰预报及风险评估业务，精准预测极端天气下风电机组的客观出力，减少省内实时市场中，由于实时电价与日前电价相差较大导致的实际损失。

案例 79
实时现货市场组织方式 2

案例概况

某火电企业（容量为 600MW）在 6 月某日因真空限制无法满出力运行，实际最大可接带负荷 550MW，晚高峰机组日前中标出力 400MW。因预判省内实时市场无高价，主体 A 申报晚高峰日内省间现货并中标 100MW。实际晚高峰实时省内市场现货价格攀升，主体 A 实时中标负荷叠加日内省间现货，机组中标出力达到 600MW，实际只能按照 550MW 出力运行。少发电量按照实时省内现货价格买入，造成实际损失。

适用条款

8.1 组织方式"实时运行时，电力调度机构基于日前电能量市场封存的发电机组申报信息，根据超短期负荷预测、新能源发电预测，日内省间现货交易结果、日内华北跨省调峰交易结果等物理边界条件，在日前发电最终计划的基础上，以全网发电成本最小化为优化目标，采用安全约束经济调度（SCED）算法进行集中优化计算，得到实时电能量市场出清得到各发电机组需要实际执行的发电计划和实时节点电价。"

案例点评

市场主体在参与省间现货时，应关注机组接带负荷能力及省内现货价格趋势。该火电企业在进行省内、省间现货市场交易时，应合理预判省内现货市场价格走势，同时仔细核对自身接带负荷能力等关键信息，做好省内、省间两个现货市场的平衡，避免收益受损。

案例 80
实时发电机组物理运行参数变化

案例概况

某火电企业（容量为 300MW）在 7 月某日在电力现货市场日前交易申报时，将五个时段的运行上限设定为装机上限。在实际运行过程中，因设备故障在 16:00~24:00 时段限出力最大为 260MW，无法按照满出力运行。当日及时通过调度现货及辅助服务市场技术支持平台向调度机构申请运行上限为 270MW，经调度机构审核同意后，该时段实时中标计划调整为 270MW，该机组实际运行出力 260MW，少发电量按照对应时段实时出清电价进行偏差结算，降低双细则考核费用。

适用条款

8.2.2.1 实时发电机组物理运行参数变化 "实时电能量市场采用日前电能量市场封存的发电侧申报信息进行出清，各市场主体在实时电能量市场中不再进行价格申报。当发电机组的物理运行参数与日前电能量市场相比发生较大变化时，发电企业需及时通过调度现货及辅助服务市场技术支持平台进行报送，经调度机构审核同意，并确认后生效。"

案例点评

市场主体在实时发电机组物理运行参数发生变化时，应及时向调度机构申报调整相关运行参数，降低对电网稳定运行造成的不利影响，同时可减少因自身设备因素造成的双细则考核费用。

案例 81
发电机组出力上／下限约束 1

案例概况

某火电企业（容量为 600MW）在 5 月某日晚高峰 16 点前，运行临时调度检修人员对影响机组出力的重要辅机进行消缺，16∶30 的实时市场出清价格为 1500 元/MWh，机组出力曲线按照报价调运至 600MW 满出力，机组重要辅机消缺工作未完成，负荷实际接带 450MW。少发电量按照日内实时价格转出，收益受损。

适用条款

8.2.2.4 发电机组出力上／下限约束"运行日 16∶00 前，各火电机组通过调度现货及辅助服务市场技术支持平台，申报机组出力日内上限及受限原因，经调度机构审核同意后，调度机构在调度现货及辅助服务市场技术支持平台中将该台发电机组的出力上限约束值修改为变化之后的数值，按照修改之后的出力上限进行实时电能量市场出清计算。"

案例点评

市场主体的申报信息是市场经济运行和电网安全稳定的基础，误报、漏报、谎报信息对电网稳定运行造成不利影响的同时，也会使市场主体的收益受损。该火电企业在开展现货市场时，应充分考虑晚高峰负荷接带情况，非必要不在晚高峰时段对影响出力的重要辅机进行消缺；如缺陷必须处理，必须按照要求及时将影响出力在系统中如实进行填报。

案例 82
发电机组出力上 / 下限约束 2

案例概况

某火电企业（容量为 300MW）在 7 月因天气导致机组真空降低，无法按照满出力运行，在现货日前交易申报时，根据预计出力能力将机组运行上限设为 280MW。7 月某日气温较高，且有局部大风，机组接待负荷能力进一步降低，运行人员未能及时关注机组变化并调整基准运行上限。在实际运行中 17:30~18:45 中标出力为 280MW，但由于天气影响机组实际仅能按照 260MW 出力运行，联系调度无法调整机组运行上限，少发电量按照实时高价买入，并造成双细则考核费用，造成实际损失。

适用条款

8.2.2.4 发电机组出力上 / 下限约束"运行日 16:00 前，各火电机组通过调度现货及辅助服务市场技术支持平台，申报机组出力日内上限及受限原因，经调度机构审核同意后，调度机构在调度现货及辅助服务市场技术支持平台中将该台发电机组的出力上限约束值修改为变化之后的数值，按照修改之后的出力上限进行实时电能量市场出清计算。"

案例点评

市场主体应密切关注实时机组状态，发电机组物理运行参数发生变化时，应及时向调度机构申报调整相关运行参数，避免错过调整申报时间，对电网稳定运行造成不利影响，同时也会使市场主体收益受损。

案例 83
实时市场运行调整 1

案例概况

某火电企业（容量为 600MW）在 8 月某日因设备故障无法按照满出力运行，在电力现货市场日前交易申报时，未及时修改相关参数，将五个时段的运行上限设置为装机上限。在实时运行过程中，调度机构对该市场主体进行发电能力测试，将其晚高峰时段的市场中标出力改为 600MW，实际运行只能按照 400MW 出力运行，少发电量按照该机组 600MW 容量段的报价买入，造成实际损失。

适用条款

8.7 实时运行调整"实时市场运行阶段，为真实了解火电机组发电受阻情况，调度机构对火电机组进行发电能力测试，调整机组出力偏离实时市场出清结果时，相应时段该机组的节点电价调整为出力所在容量段的报价。"

案例点评

市场主体的申报信息是市场经济运行和电网安全稳定的基础，误报、漏报、谎报信息对电网稳定运行造成不利影响的同时，也会使市场主体的收益受损。该火电企业在开展现货市场交易前，应仔细核对拟申报的出力、爬坡等关键信息，并在系统中进行如实填报。

案例 84
实时市场运行调整 2

案例概况

某风电场站（容量 48MW）在 10 月某日，在早上申报次日日前出力计划时，某交易员误将某一时段日前出力放大 10 倍进行申报，导致当日该时段在实时市场中，实际出力与日前申报量相差太大，欠发的电量均以该时段日内计算价格买入，造成实际损失。

适用条款

8.7 实时运行调整 "发生下列情况之一时，调度机构可根据系统运行需要进行调整（包括开机组合和发电计划曲线）：风光、负荷预测与实际偏差较大，影响电力实时平衡时。实时运行过程中机组、电力用户以及非电力用户出现违反系统安全和相关规程规定或明确不具备并网运行技术条件情况时调度机构应对机组、用户行为及时记录并按相关规定进行处罚，严重情况可建议政府主管部门对相应机组、用户实施强制退调度运行，由此造成的偏差由机组、电力用户或非电力用户自行承担。"

案例点评

市场主体申报信息是对电网安全稳定运行的基础，出现误报、漏报、谎报、瞒报都会影响电网安全稳定运行，同时也会对市场主体造成相应的亏损，该风电主体应在申报前仔细检查申报数据，确保无误后再进行申报。

案例 85
市场违约行为考核

案例概况

4月2日，某火电企业因缺陷导致非停，停运后检修，因暂无损坏设备备件，直至4月14日并网，期间中长期电量未及时转出，造成现货市场损失，同时双细则考核费用损失90万元左右。

适用条款

10.5 市场违约行为考核"不按日前现货交易公布结果执行机组启停和发电计划的行为，接受双细则考核。"

案例点评

该火电企业设备损坏后，因无备件，紧急联系厂家加工周期达12天，现货市场损失较大。同时，检修材料未按期到厂，计划性B修改为扩大性C修，滑环失修导致非停。应加强机组的检修规划，提前购买相关材料，防止非停的发生。

六、中长期交易

该部分案例默认引用《电力市场规则体系（V15.0）》中《山西电力中长期交易实施细则》作为案例适用条款，如引用其他相关政策、规则，将单独说明。

案例 86
火电企业中长期申报

案例概况

某发电企业，在 2024 年 1 月月度分时交易中，某些时段未在月度集中竞价阶段申报，旬集中竞价阶段误操作将单日申报电量填入累计申报电量处，使得申报电量缩小近百倍，造成缺额回收。

适用条款

6.7 火电企业缺额申报约束"对参与普通交易的火电企业的年度、多月、月度、旬交易设置交易电量和申报电量之和的缺额回收：参与普通交易的火电机组，其每个时段年度、多月交易净卖出电量分解至当旬的电量及月度交易集中竞价阶段申报电量分解至当旬的电量（申报卖出为正值，申报买入为负值，下同），与旬分时交易集中竞价阶段申报电量之和，不得低于 Q_{max}（供需比）÷供需比 ×90%÷24÷ 当月日历天数 × 当旬日历天数（Q_{max}（供需比）为按照供需比确定的该火电机组当月可卖出电量上限），缺额部分电量按照现货日前市场该时段当月用户侧统一结算点加权均价与相应时段月度和旬中长期分时交易加权均价的差价的 1.5 倍进行回收（差价为负时不回收），回收费用在发电侧和用户侧（不含"负荷类"虚拟电厂）平均分配。"

案例点评

火电企业交易申报前，应仔细核对拟申报的电量、电价信息，在系统填报时，应认真核对相关数值所对应的填报框，在交易完成后，及时复查成交结果。

案例 87
中长期分时段交易量约束

案例概况

某售电公司代理某用户日电量为 100MWh，月度用电量为 3000MWh。在年度及多月交易中与火电企业成交了 1900MWh，在标的月月度和旬交易中申报了 900MWh，成交 400MWh，中长期持仓占比为 77%，剩余进入现货交易。该售电公司不需承担交易申报缺额回收考核，但需承担用户侧中长期曲线偏差约束考核。

适用条款

6.4 年度交易约束 "为保障年度中长期交易发挥保量稳价作用，根据国家有关规定，年度交易中对火电企业和用户可分别设置签约比例下限，并根据实际情况合理设置缺额考核，具体内容由山西省能源局商山西能源监管办确定。"

6.9 用户侧交易申报约束 "对参与普通交易的用户侧的年度、多月、月度、旬交易设置交易电量和申报电量之和的缺额回收：参与普通交易的用电侧主体，其每个时段多月及以上交易净买入电量分解至当旬的电量、新能源月度双边交易买入电量分解至当旬的电量、月度交易集中竞价阶段申报电量（申报买入为正值，申报卖出为负值，下同）分解至当旬的电量与旬分时交易集中竞价阶段申报电量之和，不得低于当旬实际用电量的90%，缺额部分电量按照月度和旬中长期分时交易该时段当月加权均价与相应时段当月现货日前市场用户侧统一结算点加权均价的差价的1.5倍进行回收（差价为负时不回收），回收费用在发电侧和用户侧平均分配。发、用两侧分配的回收费用均按其当月省内旬及以上中长期总净成交电量比例按月进行分配。"

6.12 用户侧中长期曲线偏差约束"对参与普通交易的用户侧在现货运行日（D日）每个时段中长期净合约电量与实际用电量的负偏差超过20%范围的电量，按照当月各批次普通交易（含多月及以上交易）的相应时段加权均价的1.1倍与日前市场相应时段当月加权均价的差价（差价为负值时不回收）进行全额回收，该项回收费用在发电侧和用户侧平均分配，发电侧分配的回收费用按照月度上网电量比例返还发电企业，用户侧分配的回收费用按照月度实际用电量比例返还批发用户。

若旬滚动撮合交易中存在某时段用户侧挂牌价格已至价格上限，且在交易结束前15min至结束仍有未成交量，则取消用户侧当旬该时段每日的分时段最低成交量约束。

对参与普通交易的用户侧在现货运行日（D日）每个时段中长期净合约电量与实际用电量的正偏差超过15%范围的电量，按照日前市场相应时段当月加权均价与当月各批次普通交易（含多月及以上交易）的相应时段加权均价的0.9倍的差价（差价为负值时不回收）进行全额回收，该项回收费用在发电侧和用户侧平均分配，发电侧分配的回收费用按照月度上网电量比例返还发电企业，用户侧分配的回收费用按照月度实际用电量比例返还至批发用户。"

案例点评

代理用户应加强控制用电行为，准确预计用电量。在准确把握用电量的基础上，用户侧与火电侧年度合同签约电量不低于上一年度用电量（售电公司与零售用户签约期内上一年度用电量）的60%。中长期月旬仓位缺额申报不低于90%。中长期月旬交易后，在不进行日滚动的情况下，全额进入现货的仓位不低于80%和不高于115%。超过上述限制的，会进行考核与回收。

案例 88
用户侧金融套利约束

案例概况

某电力用户在1月电力交易滚动撮合中，误操作将电价数值填入电量数值处，使得申报电量扩大近千倍，且交易成功。后在旬交易环节该电力用户申报卖出多余合约，由于反向交易金融约束，无法全部卖出。多余的中长期合约在现货市场高价售出，结算环节形成高额的回收费用，造成实际损失。

适用条款

6.17 用户侧金融套利约束 "中长期各批次的各时段交易中，用户侧某一时段申报卖出电量不得超出各批次交易净买入电量分解至该时段的买入电量之和；用户侧某一时段全月累计卖出电量之和，在多月连续分时段交易中不得超出各批次交易该时段全月累计买入电量的50%，在月度、旬及日分时段各批次交易中不得超出各批次交易该时段全月累计买入电量之和的30%；在多月连续分时段交易中，用户侧全月净持仓电量不得低于0.001MWh。用户侧每次进行各时段交易申报前，交易界面均显示当前可申报卖出电量的限额，并对申报超出限额的情况进行提示，未超出限额的申报方可经确认后提交。"

案例点评

该电力用户在开展交易前，应仔细核对拟申报的电量、电价信息，在系统填报时，应认真核对相关数值所对应的填报项。独立参与电力批发市场交易的电力用户须进一步加强风险防范管理措施，建立参与交易规范流程，提升市场交易专业化水平。

案例 89
用户侧金融套利约束

案例概况

某售电公司在参与某月上旬集中竞价交易时，按照预测用电曲线进行交易申报，各时段均买入电量，中长期持仓电量为预测用电量的130%，上旬标的开始前，该企业签约某电力大用户发来用电计划变更通知，将于该月进行减产，计划用电量下降至平时用电量的10%，该用户电量占售电公司A零售交易电量的55%，导致售电公司A中长期持仓量超过实际用电量200%以上，在后续日滚动交易中，由于规则约束，无法卖出余量，产生高额中长期考核费用。

适用条款

6.17 用户侧金融套利约束"用户侧在月度、旬及日分时段各批次交易中不得超出各批次交易该时段全月累计买入电量之和的30%。"

案例点评

该售电公司在开展交易前应及时沟通签约用户，明确用户生产计划及预计用电曲线，避免因沟通不及时导致的中长期持仓大幅偏离实际需求，而产生回收费用及考核费用。

案例 90
中长期分时段交易组织

案例概况

某售电公司在 1 月中长期分时段交易中，于 1 月 18 日的日滚动撮合交易中，低价购入标的日为 1 月 22 日某时段的中长期合约电量，购入电量大于其实际需求，该公司拟于 1 月 20 日高价卖出，但因 1 月 20 日未开市，造成实际损失。

适用条款

7.4 中长期分时段交易"多月连续交易按日连续组织，交易标的为未来 6 个月内每月每个时段的总电量，交易电量默认按照标的月度日历天数平均分解至每日的相应时段。

月度交易每月中旬开展，为期 2 日，交易标的为次月每个时段的总电量，月度交易每个时段的合同电量默认按照月度日历天数平均分解至每日的相应时段。

旬交易每月上、中、下旬各至少提前 5 天组织，为期 1 日，交易标的分别为当月上、中、下旬每个时段的总电量，旬交易每个时段的合同电量默认按照当旬日历天数平均分解至每日的相应时段。

日交易按日（T日）滚动组织，交易标的为（$T+2$）日至（$T+4$）日每个时段的电量（周一至周三均开展交易标的为（$T+2$）日至（$T+4$）日每个时段的电量，周四、周五均开展交易标的为（$T+2$）日至（$T+5$）日每个时段的电量；遇有国家法定节假日，则做出相应调整，具体以交易公告为准，每日每个时段的电量单独进行交易。"

案例点评

市场主体在参与交易前，应仔细阅读交易平台发布的电力交易公告，掌握拟参与交易的具体开市时间，做出相应的交易安排。

案例 91
用户侧中长期曲线偏差约束

案例概况

某电力用户在某月中旬集中竞价申报中，误操作将买卖方向写反，本应申报买入电量，实际操作卖出电量并以低价全部成交，导致实际持仓比例仅 20%，在后续日滚动撮合交易中，因现货价格居高不下，导致日滚动为卖方市场，该电力用户在日滚动交易中补量失败，最终以 20% 的中长期持仓比例进入现货市场。缺量在现货市场中以高价购入，同时在结算时产生高额偏差回收费用。

适用条款

6.12 用户侧中长期曲线偏差约束 "对参与普通交易的用户侧在现货运行日（D日）每个时段中长期净合约电量与实际用电量的负偏差超过 20% 范围

的电量，按照当月各批次普通交易（含多月及以上交易）的相应时段加权均价的 1.1 倍与日前市场相应时段当月加权均价的差价（差价为负值时不回收）进行全额回收，该项回收费用在发电侧和用户侧平均分配，发电侧分配的回收费用按照月度上网电量比例返还发电企业，用户侧分配的回收费用按照月度实际用电量比例返还批发用户。"

案例点评

电力用户在开展交易前，应仔细核对拟申报的电量、电价信息以及买卖方向，在系统填报时，应认真核对相关数值所对应的填报框，申报结束后再次进行复核，确保填报无误，如有错误及时撤销重新申报。

案例 92
新能源交易电量约束

案例概况

某新能源发电企业预测 D 日现货市场价格低于中长期市场价格，在中长期市场上按照最大可申报容量进行交易。但 D 日新能源企业 C 的实际出力较小，导致合同总量远超实际发电量的 300%，当日 C 企业的中长期合约收益被大量回收，但未造成实际损失。

适用条款

6.8 新能源交易电量约束 "新能源发电企业每日每一时段政府定价电量与

中长期市场化合约电量总额不得超过实际发电量的300%，超出部分与该时段中长期全部市场化合约电量（晋北基地项目剔除雁淮合约）的较小值，按照该时段当月各批次中长期普通交易（不含多月及以上交易）加权均价的0.85倍与现货日前市场该时段当日用户侧加权均价的价差回收收益（差价为负值时不回收），回收收益每月度按照全月市场化中长期合约电量比例返还至火电企业。"

案例点评

新能源场站发电能力不确定性较大，该新能源场站预测准确率偏低，企业应提升功率预测准确率，并合理制定交易策略。

案例 93
用户侧中长期曲线偏差约束 1

案例概况

某电力用户预计8月现货市场价格低于中长期市场价格，为节约用电费用，按照预测用电量的70%签订了中长期合约，但实际中受高温天气影响，用电量大幅增长，导致合约量低于实际用电量的70%，结算环节形成高额的回收费用，造成实际损失。

适用条款

6.12 用户侧中长期曲线偏差约束 "对参与普通交易的用户侧在现货运行日（D日）每个时段中长期净合约电量与实际用电量的负偏差超过20%范围

的电量，按照当月各批次普通交易（含多月及以上交易）的相应时段加权均价的 1.1 倍与日前市场相应时段当月加权均价的差价（差价为负值时不回收）进行全额回收，该项回收费用在发电侧和用户侧平均分配，发电侧分配的回收费用按照月度上网电量比例返还发电企业，用户侧分配的回收费用按照月度实际用电量比例返还批发用户。"

案例点评

该电力用户在开展交易前，应考虑可能发生的各种情况，制定尽可能完备的交易策略，并做好承担相应决策风险的准备，进一步加强风险防范管理措施，建立参与交易规范流程，提升市场交易专业化水平。

案例 94
用户侧中长期曲线偏差约束 2

案例概况

某电力用户在 4 月电力中长期交易中，预测标的日期的现货价格高于中长期价格，于是在中长期市场中大量买入电量，在现货市场运行日，现货价格高于中长期价格，但由于实际用电量相较于中长期交易电量较少，用户在现货市场中出售电量的收益绝大部分被回收，未造成实际损失。

适用条款

6.12 用户侧中长期曲线偏差约束"对参与普通交易的用户侧在现货运行

日（D 日）每个时段中长期净合约电量与实际用电量的正偏差超过 15% 范围的电量，按照日前市场相应时段当月加权均价与当月各批次普通交易（含多月及以上交易）的相应时段加权均价的 0.9 倍的差价（差价为负值时不回收）进行全额回收，该项回收费用在发电侧和用户侧平均分配，发电侧分配的回收费用按照月度上网电量比例返还发电企业，用户侧分配的回收费用按照月度实际用电量比例返还至批发用户。"

案例点评

该电力用户在电力市场交易中存在套利行为，但在交易规则约束下，超额获利将被回收，按规则返还市场主体。

案例 95
发电侧金融套利约束

案例概况

某发电企业在 4 月旬集中竞价交易中，误操作将电价数值填入电量数值处，使得申报电量扩大近千倍，且交易成功。后在日滚动交易环节企业 A 申报卖出多余合约，由于反向交易金融约束，无法全部买入。多余的中长期合约在现货市场高价买入，产生中长期合约大量倒挂，造成实际损失。

适用条款

6.16 发电侧金融套利约束"中长期各批次的各分时段交易中，发电侧某一时段申报卖出电量与已持有的中长期合同分解至该时段的净卖出电量之和，折合电力不得超出装机容量；发电侧各个时段申报卖出电量之和与各批次交易各个时段已净卖出电量之和，不得超出按照供需比限制的最大可卖出电量；发电侧某一时段申报买入（回购）电量，不得超出已持有的各批次中长期合同分解至该时段的净卖出电量之和；发电侧某一时段全月累计买入电量之和，在多月连续分时段交易中不得超出各批次交易该时段全月累计卖出电量之和的50%，在月度、旬及日分时段各批次交易中不得超出各批次交易该时段全月累计卖出电量之和的50%（暂不开展发电侧（普通交易）双边合同转让，合同转让通过参与分时段交易实现）。发电侧经营主体每次进行各时段交易申报前，交易界面均显示当前可申报卖出或申报买入电量的限额，并对申报超出限额的情况进行提示，未超出限额的申报方可经确认后提交。"

案例点评

该发电企业在开展交易前，应仔细核对拟申报的电量、电价信息，在系统填报时，应认真核对相关数值所对应的填报项。电力企业须进一步加强风险防范管理措施，建立参与交易规范流程，提升市场交易专业化水平。

案例 96
"负荷类"虚拟电厂交易申报约束

案例概况

某虚拟电厂在6月电力交易滚动撮合中，预测现货市场价格高于中长期市场价格，为节省电力成本，按照预测用电量的80%买入电量，但在运行日

D 用电设备损坏，实际用电量骤减，在现货市场上卖出多余电量，此外在结算环节形成高额的回收费用，造成实际损失。

适用条款

6.11 "负荷类"虚拟电厂交易申报约束 "对'负荷类'虚拟电厂的月度、旬分时交易集中竞价设置申报电量的超额回收：'负荷类'虚拟电厂每个时段的月度分时交易，不得超过虚拟电厂当月该时段按照日前申报运行集中竞价阶段的申报电量上限平均值计算电量的 1.5 倍减去多月及以上交易分解至当月的净买入电量（不含新能源双边合约），再减去新能源双边合约分解至当月的净买入电量的 80% 后的差值电量的 α 倍；'负荷类'虚拟电厂每个时段的旬分时交易集中竞价阶段的申报电量，不得超过虚拟电厂当旬该时段按照日前申报运行上限平均值计算电量的 1.5 倍减去月度交易分解至当旬的净买入电量，再减去多月及以上交易分解至当月的净买入电量（不含新能源双边合约），再减去新能源双边合约分解至当月的净买入电量的 80% 后的差值电量的 α 倍。α 暂定为 1.2，根据市场运行情况适时调整。"

案例点评

该虚拟电厂应仔细维护设备，确保设备能够正常运行，避免触发回收规则。同时，独立参与电力批发市场交易的虚拟电厂用户须进一步加强风险防范管理措施，做好承担出现意外状况的损失。

案例 97
交易平台风险防控

案例概况

5 月 6 日，在组织分时段 5 月中旬交易及 7、8、9、10 日滚动交易中，交易中心系统记录显示有多个电力交易平台账号中存在频繁调用查询、申报接口及非前端页面申报等异常行为，造成系统卡顿，对交易业务的正常进行造成影响。

适用条款

10. 市场监管和风险防控"经营主体应加强对自身账号的管理，需通过新一代电力交易平台系统页面前端进行账号登录、数据查询、交易申报等操作，非交易系统技术原因出现以下行为将视为异常行为：

（1）数据查询、交易申报等操作频次（以各服务接口调用频次统计）超过页面限制频次的，或页面对应暂无限制要求，调用频次超过 30 次 /min、规律性调用连续 5min 超过 10 次 /min 的；

（2）使用外挂软件或无登陆记录但有其他操作行为的；

（3）向系统提交数据突破交易开闭市时间、电量、电价等条件约束，或向系统提交无法识别数据或必填数据为空，被系统拦截记录的；

（4）有越权访问等异常行为记录的；

（5）集中市场中交易双方约定交易时间、交易价格、交易电量的；

（6）集中市场中同一集团不同主体间成交量异常；

（7）其他违反平台使用协议规定情况；

（8）山西能源监管办认定的其他异常行为。

因经营主体相关平台账号异常行为导致交易系统出清算法中断、数据库读写异常、系统严重卡顿等后果的，一经发现，冻结该经营主体全部账号并报山西能源监管办和山西省能源局。"

案例点评

市场主体应按照平台使用协议要求，加强对自身账号的管理，须通过新一代电力交易平台系统页面前端进行账号登录、数据查询、交易申报等操作，杜绝使用非交易系统技术出现异常行为。

案例 98
新能源交易电量约束

案例概况

某新能源发电企业参与中长期市场时预测中长期市场价格高于现货市场价格，故在中长期市场中大量卖出，造成当月实际上网电量远小于省内市场化合约电量。该新能源企业在现货市场偏差结算后，还形成了回收费用。

适用条款

6.8 新能源交易电量约束"新能源企业的省内年度、多月、月度交易合约及旬交易分时段合约，在某一时段的当月净卖出电量（不含日滚动交易），不得超过该时段全月实际上网电量减去月度政府定价分解总电量的 k_j 倍再减去该时段全月外送合约电量后的差值（差值为负时将差值记为 0）的 150%，超出部分电量（对于晋北风电基地场站，以超出量与剔除雁淮合约之外的其他市场化中长期交易量的较小者，作为考核量电量）按照该时段月度和旬中长期分时交易（不含新能源双边交易）加权均价的 0.85 倍与现货日前市场该时段当月用户侧加权均价的价差回收收益（差价为负值时不回收），回收收益每月度按照全月市场化中长期合约电量比例返还至火电企业。

其中 k_j 定义如下：

若该时段全月（D–1）日申报总电量 $Q_{申报,h}$=0 或全月实际上网总电量 $Q_{实际,h} \leqslant 0$，则 k_j=0；

若该时段全月实际上网总电量 $Q_{实际,h}$ 小于该时段全月（D–1）日申报总电量 $Q_{申报,h}$，则 k_j=0.8×$Q_{申报,h}/Q_{实际,h}$；

若该时段全月实际上网总电量 $Q_{实际,h}$ 大于或等于该时段全月（D–1）日申报总电量 $Q_{申报,h}$，则 k_j=0.8×$Q_{实际,h}/Q_{申报,h}$。"

案例点评

该新能源企业在电力市场交易中存在套利行为，但在交易规则约束下，超额获利将被回收，按规则返还市场主体。

案例 99
省内电力直接交易的周期

案例概况

某售电公司在月度交易时未参加申报，在旬交易及日滚动中满足了考核下限电量，最终部分时段仍承担了 1.5 倍的考核，出现了较大经济损失。

适用条款

3.1.6 省内电力直接交易"电力现货市场运行期间，以分时段交易方式开展电力中长期交易。电力中长期分时段交易年度交易按照双边协商和集中交易方式开展，集中交易包括挂牌、集中竞价或滚动撮合等方式；多月交易按照滚动撮合交易的方式组织；月度组织新能源双边协商交易；月度、旬交易集中交易按照第一阶段集中竞价交易、第二阶段滚动撮合交易的方式组织；日滚动交易按照滚动撮合交易的方式组织。经营主体某一运行日某个时段的中长期交易电量为相应时段年度、多月、月度、该旬交易的日分解电量及日滚动交易电量之和。"

案例点评

该售电公司在参与分时段交易时年度、季度、月度时及旬应合理安排持仓，各时段申报量均需满足实际用电量90%。售电公司在申报交易时，应优先考虑的是如何避免出现考核费用的产生，在交易过程中应熟悉掌握规则，根据需求参与交易，避免产生该售电公司同类型考核，同时应与用户企业保持密切沟通，防止用户电量激增或停产导致的考核费用。

案例 100
中长期分时段金融套利约束

案例概况

某售电公司在参与日滚动交易中，交易员误将买入及卖出方向混淆，进行了交易相反方向的操作，被其他市场主体迅速成交，导致较大的经济损失。

适用条款

6.15 中长期分时段金融套利约束"多月连续分时段交易中，市场主体可自由选择交易方向。月度、旬及日分时段各批次交易中，开展集中竞价交易或滚动撮合交易时，对某一时段，发用两侧经营主体（按交易单元为准）进行交易申报时必须先选择是卖出或买入电量，在同批次交易的同种交易方式中，一个时段只能选定一个方向。多月连续交易、月度及月内中长期分时段交易中，单个序列单个时段每日可申报及撤销次数后台限制不得超过 K 次。K 初期暂取100，电力交易机构可根据市场运行情况，提出 K 值修改意见，报山西能源监管办和山西省能源局同意后执行。"

案例点评

电力市场与股票交易市场有较高相似性，滚动撮合由于其操作比较频繁，且申报及成交频次较多，交易人员在交易中易出现录入操作数据不准确，如数据多一位或少一位，交易时段申报错误，交易申报方向相反等，造成不必要损失，建议一方面提高交易人员素质，一方面开发采用自动录入的软件工具从而避免出现因操作不当导致的经济损失。

案例 101
新能源外送交易原则 1

案例概况

某新能源企业可以参加雁淮直流外送江苏交易，却无法看到新能源送北京交易公告，无法参加其他外送交易。经核实，该风电企业为雁淮直流配套的晋北风电基地项目，所发电量应参加雁淮直流外送。

适用条款

3.1.5 外送通道配套电源认购交易 "雁淮直流配套电源仅参加对应外送通道的省间交易，不参加其他通道外送交易。国家明确配套电源消纳省份的，仅参与对应通道、对应消纳省份的省间交易，不参加其他省间交易。配套电源和其他机组均可参与外送合同转让交易，按照本实施细则合同转让条款执行。"

案例点评

作为省间外送通道的配套电源，应参与对应外送通道的省间交易。

案例 102
新能源外送交易原则 2

案例概况

某晋北风电基地项目已参与雁淮直流年度外送交易，但未成功申报分月电量，造成一定损失。

适用条款

3.1.5 外送通道配套电源认购交易"晋北风电基地项目应优先参与雁淮直流外送交易，如有剩余发电能力可参与省内交易。原则上按照大小风季节确定分月申报外送电量（小风季 6~9 月，大风季 1~5、10~12 月），确保完成政府间协议电量或双方政府已达成一致的电量规模。若晋北风电外送江苏电量未达计划且电力平衡裕度满足要求时，不足部分由晋北风电基地配套电源项目按剩余有效容量进行分摊。"

案例点评

晋北风电基地作为省间外送通道的配套电源，应根据实际分月发电能力确定分月电量。

案例103
省间挂牌交易

案例概况

某火电企业在某次省间交易中，按照最大发电能力进行申报，但交易结果发布后，该厂并未成交，经查未成交原因为该电厂申报人员并未阅读交易公告，未注意出清方式中，申报时间15min内的作为一个优先级别，该厂申报时间实在交易开市后36min，前15min之内的申报电量已经超过了交易标的，因此该电厂未成交。

适用条款

3.3.4 挂牌交易"如挂牌交易只有一个挂牌方时，按照先挂牌、后摘牌方式开展，摘牌开始后的15min内的摘牌电量均视为同时刻有效申报，15min后按照申报具体时刻先后顺序出清。同一时刻申报摘牌电量超过剩余挂牌电量时，按照有效申报电量比例等比例核减，直至核减后摘牌电量等于剩余挂牌电量。"

案例点评

省间交易公告中会明确申报时间、出清方式、申报电量、电价口径等，对于参与省间交易的市场主体，应仔细阅读交易公告，了解交易关键信息后再进行申报。

案例 104
省间合同转让交易

案例概况

某发电企业在进行省间合同转让交易时，一市场主体意向转让价格为1600元/MWh，交易时无法申报提交。

适用条款

3.1.7 合同转让交易"为规范合同交易行为（包含合同转让、合同回购、合同置换等），合同交易设置价格限制，上限价格原则上与中长期交易上限价格一致，下限价格为0元/MWh。"

案例点评

市场主体要仔细阅读交易规则和交易公告，掌握量价等关键参数的限制条件，根据相关要求进行交易及报价。

案例105
跨省区交易原则

案例概况

某火电企业在月度省间交易中，为提高成交电量，按照最大发电能力进行申报，但其他企业申报电量较少，导致该厂申报电量全部成交，交易电量达到发电能力上限，后期基本没有参与其他交易的空间。

适用条款

《北京电力交易中心跨区跨省电力中长期交易实施细则（2024年修订稿）》（京电交市〔2024〕38号）第59条"北京电力交易中心开展省间交易时，会在交易公告中明确省间交易的出清原则。在挂牌交易中，出清规则通常为"15min以内申报的，均为同一优先级，优先级相同时，如果申报电量超出购电方挂牌电量，则按照新能源企业优先成交，火电企业按照申报电量比例分配"。因此在申报过程中，火电企业为争取更多成交电量，往往会按照最高能力去申报，这样按照申报电量比例分的的电量最多。但是当市场主体对形势判断不同，申报电量小于购电方申报电量时，会按照售电方申报电量成交，出现接近发电能力的情况。"

案例点评

为不超发电能力，建议在申报省间交易时，充分考虑市场形势后，再进行申报，避免没有充分准备，仅凭直觉申报，造成不必要的损失。

案例 106
省间交易价格

案例概况

　　某火电企业在某次挂牌省间交易中，未阅读交易公告，错误凭历史经验认为对方在交易平台挂牌电价口径是上网侧，但交易公告中明确交易电价为购电方落地侧，导致该电厂以低于预期价格约 5 分钱的成交价格拿到电量，产生亏损。

适用条款

　　《北京电力交易中心跨区跨省电力中长期交易实施细则（2024 年修订稿）》（京电交市〔2024〕38 号）第 69 条"跨区跨省交易购方落地价格由交易上网价格、各环节输电价格、输电损耗等构成。省间交易的交易价格有落地电价和上网电价之分，上网电价等于落地电价减去各类输电价格及网损折价。交易电价的口径如果是落地侧，需要根据交易公告发布的输电价格及网损自行计算上网电价后，再进行申报。"

案例点评

　　省间交易公告中会明确各类交易要素，应仔细阅读交易公告。此外，省间交易品种包括省间挂牌、省间发电权替代、省间绿色电力交易等品种，各类交易的申报电量、申报电价口径会根据交易协商情况略有不同，因此，在确定参与交易前，应仔细阅读交易公告，避免因理解偏差产生亏损。

案例107
省间交易网损

案例概况

某火电企业在核对省间交易结果过程中，发现同一笔外送交易的成交结果，在山西电力交易平台的省间交易结果与北京电力交易平台查询结果不同，经查产生该现象的原因是该笔交易在交易公告中明确，交易电量的口径为购电方落地侧，因此发电企业上网侧电量需要考虑网损后才是北京电量交易平台的结果，山西平台的结果已经考虑了网损，因此会出现以上情况。

适用条款

《北京电力交易中心跨区跨省电力中长期交易实施细则（2024年修订稿）》（京电交市〔2024〕38号）第92条"跨区跨省交易输电损耗电量包括跨区通道输电损耗电量、区域内跨省输电损耗电量、送出省的省内输电损耗电量。市场主体应根据交易公告，明确交易电量、电价口径，再根据输电价格公告计算上网电价，再进行申报。"

案例点评

省间交易品种有省间外送、发电权替代、绿色电力交易等，各类交易的申报电量口径略有不同，交易时应阅读交易公告，明确各类要素后再进行申报。

案例108
省间交易通道

案例概况

某次省间交易有约束成交结果发布后，某厂发现无约束成交结果曲线与有约束成交结果相比，电量明显减少。经查，在开展交易前，省间外送通道出现异常，临时增加了计划检修，输电能力下降。因此在安全校核时进行了核减。

适用条款

《北京电力交易中心跨区跨省电力中长期交易实施细则（2024年修订稿）》（京电交市〔2024〕38号）第64条"北京电力交易中心根据交易优先级对涉及的交易进行调减，直至安全校核通过。当输电通道运行状态发生变化时，实际输送电量可能进行核减，因此出现无约束结果与有约束结果不一致的情况。"

案例点评

省间交易严格按照通道剩余能力组织，通常不会出现大面积核减的情况。但是当通道输电条件发生临时变化时，需要按照最新的能力进行核减。市场主体应及时关注有约束交易发布情况。

案例 109
省间与省内交易的衔接

案例概况

某发电企业在一次月度省间交易中，由于交易电量较往次有较大增加，且购入省份所需电量仅为半月度，由于外送电交易组织一般在各类型分摊电量之前，该发电企业未充分考虑当月国网代购电及外送电的分摊电量因素，在交易申报中仍进行了按照上限规模申报，由于当月其他机组申报量较小，最终导致其部分时段超发电能力持仓，造成不必要的经济损失。

适用条款

3.1 交易品种"交易品种主要包括省间交易、省内电力直接交易、合约转让交易、抽水蓄能容量电费认购交易、可再生能源电力证书交易等。"

案例点评

在省间中长期外送交易中，外送省份及交易频次出现显著增加，外送省份主要有津京唐交易，送河北南网交易、雁淮直流送江苏交易、送华中交易、送江西交易等多种外送交易，且每次外送交易发布时间较短，省间中长期交易的曲线及电量公布后要求参与其中的发电企业分析及决策迅速且准确。发电企业不了解其他电厂申报情况，以上限电量进行申报，又无法及时转出，导致超机组发电能力取得省间电量造成经济损失。发电企业要合理规划自身交易持仓，参与外送电交易前，根据市场情况进行合理范围内申报，避免产生考核费用及经济损失。

七、辅助服务市场

该部分案例默认引用《电力市场规则体系（V15.0）》中《山西电力二次调频辅助服务实施细则》作为案例适用条款，如引用其他相关政策、规则，将单独说明。

案例 110
调频性能抽查

案例概况

某火电机组（容量 350MW），在 5 月某日日前申请参与五个时段的调频并全部中标。在 02:09~05:49 这个时段调度连续给出 350MW 的 AGC 指令，机组实际负荷出力可以满足 ±2% 的要求，但一直达不到 350MW 的 AGC 指令。导致调频性能指标下降，影响调频收益。

适用条款

3.11 性能抽查"运行日当值调度根据电网运行情况可适时开展中标调频机组的性能抽查工作，被抽查机组由辅助服务技术支持系统随机选取 1 台。当日被抽查性能不达标的中标调频机组，当日不获得调频收益。需重新进行该时段调频性能测试合格后，方允许参与该时段调频辅助服务市场。

中标调频机组性能不达标包含两种情况：一是调频性能指标不达标；二是实际最大可调节范围与申报的可调节上下限范围偏差超过 10%。"

案例点评

该火电机组主动申报参与调频市场并中标后，应该严格按照调度指令运行，在调度给出 350MW 指令后，应该加强运行调整，通过改变风粉配比、煤水配比等正常手段，达到 AGC 指令要求，满足电网接带高负荷的需求，从而获得相应的调频补偿，保障电网安全稳定运行。

案例 111
调频市场交易结果执行

案例概况

某火电机组在 10 月某日在日前申请参与五个时段的调频市场并全部中标，在实际运行过程中因机组故障长期不跟踪调度指令运行，并未向调度机构说明情况，严重影响电网安全稳定。调度机构发现该机组行为后，实时退出该机组的调频状态，取消该机组当日调频收益及相关补偿，并从次日起连续十天将该机组退出调频市场准入。

适用条款

3.10 交易结果执行"运行日中，当值调度员发现某调频（ACE）机组不跟踪 AGC 指令、调频性能指标不合格、不满足调频机组基本调峰能力要求时，实时退出该机组调频状态，取消该机组当日调频收益及相关补偿，并从次日起连续十天将该机组退出该时段调频市场准入，并做好当班记录。"

案例点评

该火电机组主动申报参与调频市场并中标后，应该严格按照调度指令运行，在机组故障不具备调频能力时，因迅速主动向调度机构说明情况，便于调度机构进行及时处理，保障电网安全稳定运行。

八、电费结算

该部分案例默认引用《电力市场规则体系（V15.0）》中《电力市场电费结算实施细则》作为案例适用条款，如引用其他相关政策、规则，将单独说明。

案例 112
阻塞平衡费用

案例概况

假设存在一小型微电网覆盖甲乙两地，共有 6 家市场主体，其中甲地有 3 家发电企业、1 家用户；乙地有 1 家发电企业、1 家电力用户，甲乙两地由一条联络线相联（线路传输功率极限 10MW）。4 家发电企业与 2 家用户均签订中长期合约，调度机构并根据实际运行情况进行出清，以某一时刻为例，具体情况见表 8-1。

由于出清节点电价与统一结算点电价不同，导致电网企业待收待付的购电成本及售电收入不一致，产生费差，即阻塞费用，上述按电能量购售差计算阻塞费用，与规则中计算阻塞费用结果相同，明细见表 8-2。

读案例　学规则——山西电力市场运营典型案例

表8-1　甲、乙两地市场主体电费结算情况

地域	发电企业	中长期合约		日前出清		实时发电		购电成本			
		电量(MWh)	电价(元/MWh)	电量(MWh)	节点电价(元/MWh)	电量(MWh)	节点电价(元/MWh)	中长期(元)	日前(元)	实时(元)	合计(元)
甲节点	发电企业1	20	500	30	510	33	520	10000	5100	1560	16660
	发电企业2	30	490	50	510	52	520	14700	10200	1040	25940
	发电企业3	40	480	50	510	51	520	19200	5100	520	24820
乙节点	发电企业4	50	470	70	520	90	540	23500	10400	10800	44700
合计								67400	30800	13920	112120

地域	用电企业	中长期合约		日前申报		实时用电		售电收入			
		电量(MWh)	电价(元/MWh)	电量(MWh)	统一结算点电价(元/MWh)	电量(MWh)	统一结算点电价(元/MWh)	中长期(元)	日前(元)	实时(元)	合计(元)
甲节点	用户1	20	500	120	513.50	126.00	527.96	10000	20540	3167.79	33707.79
		30	490					14700			14700.00
		30	480					14400			14400.00
乙节点	用户2	10	480	80	513.50	100.00	527.96	4800	10270	10559.29	25629.29
		50	470					23500			23500.00
合计								67400	30810	13727.08	111937.08
阻塞费用								0.00	10.00	-192.92	-182.92

注　阻塞费用=售电收入-购电成本。

表 8–2   规则公式计算阻塞费用结算情况

发电企业	中长期阻塞（元）	日前阻塞（元）	合计（元）
发电企业 1	−70.00	−238.94	−308.94
发电企业 2	−105.00	−398.23	−503.23
发电企业 3	−140.00	−398.23	−538.23
发电企业 4	325.00	842.48	1167.48
合计	10.00	−192.92	−182.92

适用条款

9.2.2 阻塞平衡费用

"$R_{阻塞平衡费用} = \sum \left[Q_{合约电量,t} \times (P_{省内日前,t} - P_{日前统一,t}) \right] + \sum \left[Q_{日前出清,t} \times (P_{省内实时,t} - P_{实时统一,t}) \right]$。"

案例点评

由表 8–2 可以看出，用户 1 日前申报用电负荷 120MW，用户 2 申报用电负荷 80MW，以 510 元 /MWh 出清，用户 2 无法满足用电需求，根据电力平衡及线路输送等边界条件，需调高发电企业 4 出力，调整至 520 元 /MWh，由此导致日前阻塞产生。实时用电情况原理相同。

案例 113
市场结构平衡费用

案例概况

已连续运行现货市场，同时开展日前市场及日内市场，按照"价差合约"模式进行结算，发用两侧购电成本等于"（现货电量 – 日前电量）× 实时电价 +（日前电量 – 合约电量）× 日前电价 + 合约电量 × 合约电价 = 实时结算电量 × 实时电价 + 日前结算电量 × 日前电价 + 合约电量 × 合约电价"。在双偏差结算模式下，发用两侧的日前结算电量、实时结算电量不完全相等，且计划和市场双轨制下非市场化用电量与政府定价电量不完全相等，会存在部分现货市场电量被代理购电用户或居民农业用户使用，由于日前结算价格与实时结算价格不完全相等、市场价格与代理购电价格（目录电价）不相等，导致电力市场运行期间电网企业出现偏差费用。

以某一时刻为例（不考虑线损及阻塞），如发电侧中长期电量 300MW、日前结算电量 200MW，实时结算电量 100MW，用户侧中长期电量 300MW，日前结算电量 180MW、实时结算电量 60MW，居民农业 60MW。具体情况见表 8–3。

表 8–3 　　　　　　　　　　某省市场主体电费结算情况

地域	发电企业	中长期合约		日前结算		实时结算		购电成本			
		电量（MWh）	电价（元/MWh）	电量（MWh）	节点电价（元/MWh）	电量（MWh）	节点电价（元/MWh）	中长期（元）	日前（元）	实时（元）	合计（元）
发电侧		300	500	200	510	100	520	150000	102000	52000	304000
用户侧	市场用户	300	500	180	510	60	520	150000	91800	31200	273000
	居民农业					60	332	0	0	19920	19920
	合计							150000	91800	51120	292920
市场结构平衡费用											−11080

注　阻塞费用 = 售电收入 − 购电成本。

适用条款

9.2.1 市场结构平衡费用

"$\sum \left[\left(Q_{电厂省内日前,\,t} - Q_{用户日前,\,t} \right) \times \left(P_{基准} - P_{日前统一,\,t} \right) + \left(Q_{电厂省内实时,\,t} - Q_{用户实时,\,t} \right) \times \left(P_{基准} - P_{实时统一,\,t} \right) \right]$。"

案例点评

由表 8–3 可以看出，在结算时，中长期市场上发电侧与用户侧的电量及价格一致，顺价疏导不会产生偏差费用；在日前市场及实时市场，发、用两侧的市场结算电量存在偏差，该部分市场电量进入非市场用户（如居民农业用户），在非市场用户价格计算时按当地省份燃煤基准价执行，由此产生的电量电价偏差，导致发电企业在运行市场期间费用不能完全回收，产生偏差。规则中该项费用其他子项原理与上述情况相同，均是不同结算项导致的发电侧的日

143

前结算电量、实时结算电量与用户侧日前结算电量、实时结算电量不同，该部分偏差电量均由非市场化用户疏导，由此产生偏差费用。

案例 114
火电机组结算价格替代

案例概况

某火电企业单台机组（容量为 300MW）在 7 月某日因真空影响无法按照满出力运行，在电力现货市场日前交易申报时，将负荷上限申报为 270MW，当日实时市场出清电价 1500 元 /MWh，虽然根据火电机组结算价格替代条款，损失了部分电费收入，但避免了因实际发电能力受限所导致的日内偏差结算损失和两个细则考核，预计减亏 13 万元。

适用条款

8.8 火电机组结算价格替代 "为引导火电机组顶峰发电，进一步降低火电机组的发电受阻容量，提升电力保供能力，对申报发电受阻容量的火电机组进行结算价格替代。火电机组的出清节点电价保留原始值，用户侧统一结算点电价计算方式不变。"

案例点评

市场主体的申报信息是市场经济运行和电网安全稳定的基础，误报、漏报、谎报信息对电网稳定运行造成不利影响的同时，也会使市场主体的收益受损。该火电企业在开展现货市场交易前主动正确申报出力受阻情况，虽然损失了部分电能量电费，但综合日内偏差结算和两个细则考核费用后，止损效果更为明显。

案例 115
发电企业的日前电量结算模式

案例概况

7月某日，某火电企业石灰石粉供货出现问题，影响机组负荷 14 万 kW，导致日前现货申报受限，损失高价现货发电空间，中长期电量出以现货价格转出，现货市场损失较大。

适用条款

5.1 结算模式"现货市场结算时，发电企业采用机组所在节点电价，日前市场根据日前市场出清电量与中长期合约分解电量的偏差电量，按照日前市场节点电价进行结算。"

案例点评

中长期电量持仓量较高，机组实际接带负荷大幅度少于中长期电量，损失了高价现货空间。首先，发电企业做好大宗材料储备是保证机组稳定参与现货市场交易的基础，否则会面临现货市场的大额亏损；其次，企业内部协调沟通工作不到位，交易人员没有提前准备，未能通过转出中长期电量方式减少损失。

案例 116
现货市场实时运行调整

案例概况

某日 20:00~20:15 某火电企业在现货日前市场中标出力 1000MW，但由于用电负荷较大，为保障电网安全运行，在实时运行阶段将该火电企业的出力人工固定在 1100MW。电力交易平台公布的数据显示，20:00~20:15 现货实时市场统一出清价格为 500 元/MWh，发电企业 A 在 1100MW 出力的申报价格为 550 元/MWh。该火电企业咨询这一时段应该以哪个价格进行现货实时市场电费结算。

适用条款

8.7 实时运行调整 "实时市场运行阶段，因保障电网安全或保障电力平衡等人工调整机组出力偏离实时市场出清结果时，如实际出力高于日前计划出力，相应时段该机组的节点电价调整为实际出力所在容量段的报价和 1.2 倍的统一结算点出清电价（调整后电价不超过 1500 元/MWh）的较小值，且不低于月度及旬中长期分时段限价最小值。"

案例点评

电网实时运行应按照电力系统运行有关规则规定，保留合理的调频、调峰、调压及备用容量，以及各输变电断面合理的潮流波动空间，满足电网风险防控措施要求，保障系统安全稳定运行和电力电量平衡。在现货实时运行阶段，该火电企业配合进行出力调整，因此结算价格应调整为其 1100MW 出力的申报价格 550 元 /MWh。

案例 117
省间合约电能量电费的结算

案例概况

某发电企业参与某次省间交易"，并达成交易电量 3000MWh。其中 2 月 5 日 00:15~00:30 该发电企业合约分解电量 2MWh，合约电价 350 元 /MWh，这一时段省间交易总成交量 10MWh，实际执行电量 10.5MWh。这一时段省内现货日前市场统一结算点电价为 300 元 /MWh。该发电企业咨询这一时段该笔省间合约电能电费应如何结算。

适用条款

8.1.2 省间合约电能量电费 "发电企业根据分解至 t 时段（每 15min，下同）的省间合约电量与对应的合约电价计算合约电费，具体计算公式如下：

$$R_{省间合约} = \sum (Q_{省间合约,t} \times P_{省间合约,t})"$$

8.3 省间合约偏差损益电费 "对参与现货市场的发电企业，根据其签订的省间合约实际偏差电费，与合约执行的偏差电量（含波动偏差）和相应时段的省内现货日前市场统一结算点电价的乘积之差，计算损益电费，计算方式如下：

$R_{省间合约偏差损益电费}=R_{省间合约偏差电费}-(\sum Q_{省间合约偏差分时,t}\times P_{日前统一,t}+\sum Q_{省间合约偏差非分时}\times P_{日前月度加权})$

对不参与现货的发电企业，其省间合约结算电量按照实际执行电量对合约电量等比例进行折算，与对应的合约电价计算合约电费。"

🖱 案例点评

若该发电企业参与山西省电力现货市场，则省间合约电能量电费为该时段省间合约电量与对应的合约电价的乘积，即：2MWh×350元/MWh=700元。这一时段该省间合约偏差损益电费为（10.5MWh–10MWh）×（350元/MWh–300元/MWh）=25元，按相应规则分摊或返还至发电企业。若该发电企业不参与山西省电力现货市场，则省间合约电能量电费为省间合约结算电量与对应合约电价的乘积，省间合约结算电量按照实际执行电量对合约电量等比例进行折算，该发电企业在2月5日00:15~00:30省间交易合约结算电量按交易实际执行电量与总合同电量的比例折算，即2MWh×（10.5MWh/10MWh）=2.1MWh。因此，该发电企业的省间交易合约电能电费为省间合约结算电量×省间合约电价，即2.1MWh×350元/MWh=735元。

案例 118
中长期与日前市场的偏差电量结算模式

✏ 案例概况

某发电企业6月1日00:15~00:30中长期合约分解电量4MWh、合约电价300元/MWh，现货日前市场出清电量6MWh、日前节点电价310元/MWh，实际上网电量 10MWh、现货实时节点电价 330 元 /MWh。该发电企业咨询这一时段如何进行电能量结算。

适用条款

5.1 结算模式"5.1.1 中长期市场根据中长期合约分解电量，按照合约约定价格进行结算。""5.1.2 现货市场结算时，发电企业采用机组所在节点电价，日前市场根据日前市场出清电量与中长期合约分解电量的偏差电量，按照日前市场节点电价进行结算；实时市场根据实际上网电量与日前市场出清电量的偏差电量，按照实时市场节点电价进行结算。"

案例点评

对于发电企业来说，中长期按照合约量价进行结算；现货市场按照偏差结算的方式，日前出清电量与中长期合约电量的偏差电量，按照日前节点电价进行结算；实际上网电量与日前出清电量的偏差电量，按照实时节点电价进行结算。因此，该发电企业 6 月 1 日 00:15~00:30 的电能量电费 =4×300+（6-4）×310+（10-6）×330=3140 元。

案例 119
发电企业电费构成

案例概况

6 月 15 日，山西电力交易中心发布了省调电厂月度结算账单，当日某发电企业来电咨询其月度结算账单由哪些成分构成。

适用条款

12.1 发电企业月总电费计算"发电企业交易电费包括电能量电费、省间合约偏差损益电费分摊或返还、应急送电损益电费返还、省间中长期购电损益电费分摊或返还、市场运营费用（发电）、两个细则电费、省间责任偏差电费分摊或返还。"

案例点评

电能量电费指发电企业与电力用户在现货市场和中长期交易市场中以电能量为交易标的物的电费，包括省间合约电能电费，省间日前电能电费，省间日内电能电费，省内合约电能电费，省内日前电能电费，省内实时电能电费，调平电费，火电价格替代电费返还；省间合约偏差损益电费分摊或返还是对参与现货市场的发电企业，根据其签订的省间合约实际偏差电费，与合约执行的偏差电量（含波动偏差）和相应时段的省内现货日前市场统一结算点电价的乘积之差，计算损益电费，并分摊或返还给发电企业；应急送电损益电费返还是根据跨区跨省应急调度送出电量，按应急调度送出电价与省内现货市场统一结算点电价的价差计算损益电费，并返还给发电企业；省间中长期购电损益电费分摊或返还是根据省间中长期交易实际购电电费，与省间中长期交易购电量和相应时段的省内现货市场日前统一结算点电价的乘积之差，计算省间中长期购电损益电费，并分摊或返还给发电企业；市场运营费用是在市场初期，为清算发用两侧计划电市场电、统筹兼顾市场竞争与规范市场主体行为，保障电力系统安全稳定，设置电能量费用之外的调节费用，包括成本补偿、市场平衡和市场调节三种费用；"两个细则"电费是对发电企业的并网运行和辅助服务进行考核补偿的费用；省间责任偏差费用是指由于购售双方实际电量与计划电量有所变化所引起的的偏差费用。

案例 120
发电侧调平电费

案例概况

某发电企业的月度结算账单中的调平电量有时为正、有时为负，对应的结算价格应如何确定。

适用条款

8.1.8 发电侧调平电费 "$R_{调平发电} = Q_{调平发电} \times P_{实时月度加权}$。其中，$Q_{调平发电}$ 为发电企业月度上网电量与按时段合计上网电量之差。不同投资主体共用同一贸易关口计量点的新能源项目，按约定分劈计量关口电量比例进行计算时，月拆分数据与时段拆分合计数据差异纳入发电侧调平电量。$P_{实时月度加权}$ 为省内实时市场的月度所有时点的节点电价加权均价。"

案例点评

发电企业的调平电量是指按照上网电量公式计算出来的月度上网电量与全月分时上网电量之间的差值。对于共用同一贸易计量关口点、按照自身发电量占比计算上网电量的发电企业，由于月度发电量占比和各时段发电量占比存在差异，因此会存在调平电量，根据月度发电量占比和各时段发电量占比的不同，调平电量也就有正有负。

案例 121
煤电价格替代电费

案例概况

某发电企业不了解其月度结算账单中的煤电价格替代电费返还是什么费用，具体是如何计算出来的。

适用条款

8.1.9 煤电价格替代电费规定"16:00~21:00 期间，煤电企业的省内日前市场和省内实时市场的正现货结算电量，采用替代后的分时节点电价进行结算。对于火电机组的省内日前市场和省内实时市场的负现货结算电量仍采用原出清的分时节点电价进行结算。该项费用是因煤电机组分时节点电价替代结算引起的费用盈余，在煤电企业之间按各机组月度晚高峰期间（16:15~21:00）实际上网电量（扣除省间现货电量）的比例进行返还。除晚高峰时段以外的其余时段暂不实施价格替代。"

案例点评

晚高峰是省内现货市场价格最高的时段，煤电价格替代电费返还机制的设立，可以促使煤电机组加强设备运维、提升机组顶峰能力，确保晚高峰价格不被替代。按照各机组月度晚高峰期间上网电量（扣除省间现货电量）的比例进行返还，提高了煤电机组接带高负荷的意愿，激励煤电企业稳供增发。

案例 122
辅助服务费用分摊

✎ 案例概况

某发电企业咨询其月度结算账单中的优先购电用户自动发电控制辅助服务分摊费用是指什么，具体是如何计算出来的。

📚 适用条款

山西能监办《关于强化市场监管 有效发挥市场机制作用 促进全省今冬明春电力供应保障的通知》（晋电监市场〔2021〕187号）"自动发电控制（AGC）辅助服务补偿费用由发电侧和用户侧共同承担。优先供电用户承担的费用由优先发电量电费和外送发电量电费分摊。"

👆 案例点评

按照国家要求，逐步将辅助服务成本向用户侧疏导，"两个细则"电费中的自动发电控制（AGC）辅助服务补偿费用由原先火电、风电、光伏按照月度上网电费1∶1∶1分摊的方式改为由发电侧和用户侧均分。由于用户侧中的优先购电用户不参与电力市场，因此其应承担的费用由发电企业按照优先发电量和外送发电量的占比进行分摊。

案例123

多机组发电企业电量分劈

案例概况

某新能源发电企业在电力交易平台注册完成后，其结算单元下面有两个机组 A 和 B，容量分别为 40MW 和 60MW。该发电企业这两个机组的基数电量、日前出清电量、上网电量如何计算。

适用条款

8.1.7 省内实时市场电能量电费"同一结算单元不同项目批次的新能源发电机组按照额定容量比例计算各自上网电量。"

案例点评

对于一个结算单元下有多个机组的新能源发电企业，按照各机组额定容量占比计算其基数电量、日前出清电量和上网电量。假设上述新能源发电企业结算单元的基数电量、日前出清电量、上网电量分别为 100MWh、200MWh 和 300MWh，根据结算规则计算可知，机组 A 的基数电量、日前出清电量、上网电量为 40MWh、80MWh、120MWh，机组 B 的基数电量、日前出清电量、上网电量为 60MWh、120MWh、180MWh。

案例 124
电费追补原则

案例概况

某日 08:00~12:00，某发电企业现场关口表计出现计量采集故障，该时段机组实际上网电量 100MWh，关口表计量上网电量为 60MWh。该发电企业来电咨询这一时段出现的电量差错如何处理。

适用条款

"13.2.3.1 若发电侧主体当月一段时期出现的电量差错累计值小于该段时期市场总电量累计值 0.05% 时，原则上用电侧电价不做调整。"

案例点评

该发电企业在某日 08:00~12:00 产生的电量偏差达到了 40%，按照上述结算规则，应将差错电量追溯至时点，并按照相应的节点电价追补其电能量电费，且重新计算其相关市场运营费用。如果差错电量无法追溯至时点，应按照当月现货实时市场月度加权均价追补其电能量电费，并对其具备追溯条件的相关市场运营费用重新计算。

案例 125
低压用户结算模式

案例概况

直接参与批发市场的某电力用户在现货模式下，作为低压用户如何结算。经核实，现货模式下，由于该批发用户为低压用户，不具备分时计量条件，此类用户正偏差用电量按照当月省内中长期合同（不含战新合同）加权均价的1.1倍结算，负偏差用电量按照合同电价结算，目前暂不回收、不分摊市场运营费用。

适用条款

5.1 结算模式 "5.1.3 不具备分时计量条件的低压用户、电信基站等（含售电公司代理），及榆林供电公司用电暂不直接参与现货市场。现货模式下，对选择直接参与市场交易，但不具备分时计量条件的低压用户（含售电公司代理该类用户的交易单元）在参与中长期交易时，只能选择典型曲线与电厂签订中长期合约，后期合约曲线形状不得调整。此类用户正偏差用电量（超用电量）按照当月省内中长期合约加权均价的1.1倍结算，负偏差用（欠用电量）电量按照合约电价结算，并应承担市场运营费用。"

案例点评

现货模式下的低压类型批发用户因其不具备分时计量条件，只能按照中长期模式结算。对直接参与现货交易的市场主体（含售电公司代理）同时存在高压和不具备分时计量条件的低压户号的，其低压用户电量不参与分时计算，纳入月度调平电量，按月以省内实时市场月度加权均价进行结算。

案例 126
跨省跨区偏差责任 1

案例概况

3月4日由于山西省内某发电企业机组故障，导致需要变更某次省间中长期交易执行曲线，调减执行电力 300MW，造成责任偏差。

适用条款

《北京电力交易中心跨区跨省电力中长期交易实施细则（2024修订稿）》（京电交市〔2024〕38号）"当交易执行过程中，电力曲线及电量出现执行偏差时，北京电力交易中心对跨区跨省交易因购售方原因造成的执行偏差电量进行责任认定并开展结算。"

案例点评

当售方（电厂或送出省）因来水（煤）变化、机组故障、省内检修变化、省内平衡困难、省内断面越限等导致需要变更执行曲线时，发电企业或送出省电网企业（电力调度机构）向国调（网调）提出申请后，北京电力交易中心认定为售电方责任。本案例中该发电企业的情况属于售电方机组故障，依据细则可认定为售电方责任。

案例 127
跨省跨区偏差责任 2

案例概况

5 月 18 日由于山西省内平衡困难供应不足，导致某省间中长期交易执行曲线调减，5 月 18 日全天调减执行电力 40MW，合同电价 398.4 元 /MWh，产生责任偏差费用。

适用条款

《北京电力交易中心跨区跨省电力中长期交易实施细则（2024 修订稿）》（京电交市〔2024〕38 号）"售方责任，由售方按照交易合同曲线（原则上送出侧）与调度执行曲线结果之差电量，按照该时段合同电价的比例 L 支付偏差费用给购方""L 的取值默认取 0.1 进行结算。若购售双方在交易合同中另行明确的，按合同相关约定执行。"

案例点评

由于售电方省内平衡困难变更执行曲线造成的偏差为售电方责任，因此 5

月 18 日调减省间交易责任偏差费用由售电方承担，偏差电量为合同曲线与调度执行曲线结果之差电量：40MW×96÷4=960MWh，按照合同电价的 0.1 倍支付偏差费用为：960MWh×398.4 元/MWh×0.1=38246.4 元。

案例 128
跨省跨区偏差责任 3

案例概况

2 月 24 日由于山西省内新能源大发，导致某省间中长期交易执行曲线调增，造成责任偏差费用 3 万元，当日新能源上网电量 5 万 MWh，其中某新能源企业上网电量 1000MWh，需承担偏差责任费用。

适用条款

11.2 售电方责任 "11.2.2 售电方为新能源消纳发起多送申请，支付给购电方偏差费用。由于新能源大发，省内消纳出现困难，由新能源发电企业按多送日期内上网电量比例分摊。"

案例点评

由于为满足送出省清洁能源消纳需求调整的，同样视为售电方责任。按照省内结算规则，省内新能源消纳困难造成的责任偏差费用，由新能源机组按多送日期内的上网电量占比分摊，因此新能源企业 A 需承担 30000 元×1000MWh÷50000MWh=600 元。

案例 129
跨省区应急调度

案例概况

某日由于四川存在电力平衡缺口，由山西进行应急保供支援，日内 08:00~ 08:15 时段应急支援电量 100MWh，该时段山西省内现货电价为 300 元 /MWh、省间现货市场送出价格为 450 元 /MWh，四川省内电价为 360 元 /MWh，产生应急外送电量电费。

适用条款

《跨省跨区电力应急调度管理办法（暂行）》"为消除安全风险、电力电量平衡缺口开展应急调度时，按照鼓励支援的原则，送出方电厂上网电价取以下价格的高者（1）送出方省内现货价，（2）送出方省间现货市场送出价格，（3）按照购入方省内现货价格扣减输电价格、线损折价后倒推至送出方的价格。对于送出方没有省内、省间现货价格或未开展省内、省间现货市场的情况，国务院价格主管部门有相关规定的按相关规定执行，无相关规定的送出方电厂上网电价按照送出方当地燃煤发电基准价的 K 倍结算（K 暂定 1.2）。"

案例点评

山西省已开展省内、省间电力现货市场，因此按照现货电价进行比较，三者之中高价为山西省间现货市场送出价格即 450 元 /MWh，这笔应急外送电费应为：100MWh×450 元 /MWh=45000 元。

案例 130
应急调度送电损益电费

案例概况

某日由于四川存在电力平衡缺口，由山西进行应急保供支援，日内 08:00~08:15 时段应急电量 100MWh，应急电价 450 元 /MWh，该时段山西省内实时市场现货电价为 300 元 /MWh，产生应急外送电量损益电费。

适用条款

8.4.1 应急调度送电损益电费"根据跨区跨省应急调度送出电量，按应急调度送出电价与省内现货市场统一结算点电价的价差计算损益电费。该项费用按照各发电企业上网电量比例返还至发电企业。"

案例点评

根据结算规则，这笔应急送出电量损益电费应按照应急电价与省内现货电价的价差计算，即 100MWh×（450 元 /MWh-300 元 /MWh）=15000 元。

案例 131
批发用户电费预结算

案例概况

某批发用户认为其 4 月电费账单数据与实际参与电力市场交易情况不一致，用户表示不理解。经核实，按规则在 5 月 6 日内对批发用户 A 进行 4 月电费的预结算，用户调平电量确定后再进行最终结算。最终结算结果与预结算结果的差额电费随次月电费一并发行。

适用条款

5.1 结算模式"5.1.6 电网企业对批发用户、入市后独立储能及抽水蓄能下网电量在（$M+6$）日内开展电费预结算，先按其中长期交易合约均价及实际用电量进行预结算并收费；若批发用户未参与中长期交易，则按照批发市场中长期合约均价进行预结算并收费；现货月度账单发布后，形成的最终结算结果与预结算结果之间的差额电费随次月电费一并发行。"

案例点评

该批发用户参与了中长期交易，5 月 1~6 日，电网企业按照该批发用户中长期交易合约均价进行 4 月电费的预结算。

案例 132
发电侧节点电价

案例概况

某发电企业在 6 月某天因节点阻塞，导致节点电价与统一出清电价不一致，电力交易平台披露的数据显示：21:30~21:45 时段，统一出清价格为 546.87 元 /MWh，节点电价为 1500元 /MWh。该发电企业无法确定这一时段应该以哪个价格进行现货实时市场电费结算。

适用条款

5.5 结算电价 "5.5.1 市场化机组以省内现货市场节点电价作为省内现货电能量市场结算价格。"

案例点评

一切电力商品的实物交易都在电网上完成，同时电力的交换受到电网天然属性的约束，这种约束就是传输功率的限制，在这种特性下，阻塞是不可避免的，要保证实时平衡，就要做到有效的阻塞管理。当出现输电阻塞时，场站节点边际价格与市场统一出清价格发生偏离，根据阻塞的情况自动调整相关发电厂商的报价，能够有效的降低输电阻塞对各发电厂商的影响，降低全网的购电成本，提高发电竞标的公平、合理性。因此该时段要以节点价格 1500 元 /MWh 来进行结算。

案例 133
省间日前市场电能量电费

案例概况

某发电企业在 7 月 8 日省间日前中标结果，中标 0.41MWh，该时段，省间日前出清价格为 649.46 元 /MWh，省内日前出清价格为 200 元 /MWh，那么该发电企业这天的省间日前电费结算结果为：0.41MWh×649.46 元 /MWh=266.28 元。

适用条款

8.1.3 省间日前市场电能量电费（$R_{省间日前}$）

"机组根据省间日前市场结算量与省间日前市场分时电价计算电费，具体计算公式如下：

$$R_{省间日前} = \sum (Q_{省间日前,t} \times P_{省间日前,t})$$

$R_{省间日前}$ 为发电企业在省间日前市场的结算电费；

$Q_{省间日前,t}$ 为发电企业在 t 时段的省间日前结算电量，即发电企业在 t 时段省间日前市场的中标电量；

$P_{省间日前,t}$ 为 t 时段的省间日前市场分时电价。"

案例点评

省间现货可以充分利用通道输电能力，建立市场机制调动全网资源余缺互济，促消纳、保安全；统筹全网资源促进新能源消纳，助力新型电力系统建设；促进清洁能源更大范围优化配置，加快推动落实碳达峰、碳中和目标。省间现货价格高于省内现货价格，很大程度上激发了发电企业参与省间现货申报的积极性。

案例134
批发用户电能量电费

案例概况

某批发用户在 11 月的电力交易中，通过中长期交易市场以 360 元 /MWh 的价格买入了 11808MWh 的电量，按照合约平均分到每一天的每个时段。11 月 15 日，其在 02:00~02:15 的日前申报中申报了 5MWh。02:00~02:15 该批发用户的实际用电量为 4MWh，日前市场统一结算点电价为 336 元 /MWh，实时市场统一结算点电价为 319 元 /MWh。不考虑调平电费和用户侧价差调整电费分摊，计算该用户 11 月 15 日 02:00~02:15 的电能电费。

适用条款

8.2 批发用户电能量电费 "$C_{电能}=C_{合约}+C_{日前}+C_{实时}+C_{调平用电}+C_{价差调整分摊}$。$C_{合约}=\sum(Q_{合约,t}\times P_{合约,t})$。$C_{日前}=\sum[(Q_{日前,t}-Q_{合约,t})\times P_{日前统-,t}]$。$C_{实时}=\sum[(Q_{用电,t}-Q_{日前,t})\times P_{实时统-,t}]$。"

案例点评

在不考虑调平电费和用户侧价差调整电费分摊的情况下，中长期合约电能电费 =4.1×360=1476 元；日前市场电能电费 =（5-4.1）×336=302.4 元；实时市场电能电费 =（4-5）×319=-319 元；合计 1459.4 元。

案例 135
批发用户日前市场电能量电费

案例概况

某批发用户经过年度、季度、月旬等中长期交易后，经过电量分解，6 月 1 日 08:00~08:15 时段中长期净持有量为 300MWh，（D-1）日即 5 月 31 日进行 6 月 1 日的日前申报时，该批发用户 A 在 6 月 1 日 08:00~08:15 时段申报 350MWh 用电量，该时段日前市场出清电价为 380 元 /MWh，计算该用户在 6 月 1 日 08:00~08:15 这一时段的日前市场电能电费。

适用条款

8.2.3 日前市场电能量电费（$C_{日前}$）

"根据日前市场分时申报电量与合约分解电量的差额，按日前市场分时电价计算批发用户日前市场电能量电费，具体计算公式如下：

$$C_{日前} = \sum \left[(Q_{日前,t} - Q_{合约,t}) \times P_{日前统一,t} \right]$$

$Q_{日前,t}$ 为批发用户日前市场申报的 t 时段需求电量，对于"负荷类"虚拟电厂参与调节时段、独立储能、抽水蓄能，$Q_{日前,t}$ 取现货日前市场出清的计划电量；

$P_{日前统一,t}$ 为日前市场 t 时段日前市场统一结算点电价。"

案例点评

日前市场电能电费 =（日前市场分时申报电量 - 合约分解电量）× 日前市场电价 =（350-300）×380=19000 元，即在日前市场买入 50MWh 电量。相反，若合约电量小于日前市场申报电量，相当于在日前市场卖出二者差额电量。

案例 136
用电侧调平电费

案例概况

某批发用户在 5 月的电力交易中，月度市场化交易结算电量（包括损耗电量）为 10000MWh，累计分时实际用电量为 9985MWh，省内实时市场的月度所有时点的节点电价加权均价为 385 元 /MWh，应如何计算该用户 5 月的调平电费。

适用条款

8.2.5 用电侧调平电费（$C_{调平用电}$）

"$C_{调平用户} = Q_{调平用电} \times P_{实时月度加权} = \left(Q_{用电} - \sum Q_{用电, t} \right) \times P_{实时月度加权}$

即调平电量 = 月度市场化交易结算电量（包括损耗电量）- 累计分时实际用电量。"

案例点评

调平电量是指批发市场用户月度结算电量（包括损耗电量）与累计分时

实际用电量之差部分，调平电费＝（10000–9985）×385=5775 元。

案例 137
用户价差调整电费分摊

案例概况

某批发用户在核对全月的日清分正式账单时，发现日清分正式账单中公布的日前市场电能电费总和与月度账单中公布的日前市场电能电费相差较大，该用户无法理解日前市场电能电费为什么会产生偏差，产生偏差应以哪一个账单为准。

适用条款

8.2.6 用户价差调整电费分摊

"该项费用是指用户侧正式日账单发布后，当发电侧出清结果、上网电量等变化造成用户侧统一结算点电价发生变化时，不再修改日账单结果，统一结算点电价价差引起用户侧日前、实时电能量差费。该费用在月度结算时由所有批发市场用户按月度结算电量比例进行分摊。"

案例点评

由于发电侧出清结果、上网电量等变化造成用户侧统一结算点电价发生变化时，引起用户侧日前、实时电能量差费，这一费用在用户侧正式日账单发布后，不再进行修改，在月度账单"用户价差调整电费分摊"一项中体现。

九、绿色电力交易

该部分案例默认引用《电力市场规则体系（V15.0）》中《山西电力中长期交易实施细则－绿色电力交易专章》作为案例适用条款，如引用其他相关政策、规则，将单独说明。

案例 138
绿电交易的内涵

案例概况

某新能源企业希望参与绿电交易,但对绿电交易具体内涵不明,无法确定是否应该参加。

适用条款

1. 总则 "1.5 绿色电力交易是指以绿色电力和对应绿色电力环境价格为标的物的电力交易品种,交易电力同时提供国家核发的可再生能源绿色电力证书,用以满足发电企业、售电公司、电力用户等出售、购买绿色电力的需求。"

案例点评

目前参与绿电交易的项目均为平价项目,将稳步推进已纳入国家可再生能源电价附加补助政策范围内的风电和光伏新能源企业(简称带补贴新能源)参与绿色电力交易。

案例 139
绿电交易的结算机制

案例概况

绿电专章发布后，结算方式会发生一定的变化，也会对参与绿电交易的主体产生一定影响。

适用条款

8.4 绿色电力交易电能量与绿证分开结算

"（1）绿色电力交易合约作为经营主体中长期合约的一部分结算。绿色电力交易结算电量按照合约约定价格结算。对不参与现货的新能源企业，省间绿色电力交易结算电量按照实际送出电量对省间绿色电力交易合约电量等比例进行折算，省内绿色电力交易结算电量按照省内绿色电力交易合约电量结算，其月度实际上网电量与绿色电力交易结算电量的正偏差电量按照保障性收购价格结算，弃电量（非新能源场站自身原因导致）与负偏差电量重合的部分，按照当月省内与省间绿电市场合约加权均价的 1 倍结算，弃电量与负偏差电量未重合的部分，按照当月省内与省间绿电市场合约加权均价的 1.05 倍结算。对不参与现货的批发用户，按照现行不具备分时计量条件的低压用户规则执行；对参与现货的经营主体，执行现行结算规则，其绿电交易合同作为其中长期合同的一部分参与日清分计算，月结月清。

每月调度机构向交易机构提供绿电合约对应新能源场站弃电量，交易机构据此计算绿电合约偏差。如新能源场站对偏差计算有异议的，应在结果发布后及时向交易机构提出异议申请，交易机构会同调度机构核实处理，并在 5 个工作日内予以答复，情况属实的予以追溯结算。仍有异议的，可向山西能源监管办提出申诉。

（2）绿证按照当月合同电量、发电企业上网电量、电力用户用电量三者取小的原则确定结算电量（考虑线损因素），以绿证价格结算，偏差电量按照合同约定的绿证偏差条款执行，由偏差责任方向合同对方支付费用。"

案例点评

参与绿电交易要合理预测自身的发电能力，若超过发电能力，出现负偏差的情况，需要面临高价考核的风险。

十、合规、信息披露及风险防范

该部分主要列举电力市场中存在一定普遍性，需要进行解释说明的案例，部分案例基于国家法律法规或客观现实条件，无需引用规则条款作为依据。

案例 140
信息披露真实性

案例概况

某售电公司某年入市交易，次年3月公司法人发生变更，由黄某变为王某。山西电力交易中心按照省能源局要求，组织开展山西省售电公司信用评价，该售电公司对外公布的信息中法人依旧为黄某。在年度电力市场信用评价中，该售电公司经核实发现存在瞒报或者失真情况的。

适用条款

《电力现货市场信息披露办法（暂行）》（国能发监管〔2020〕56号）第十三条"售电公司应当披露的公众信息包括企业全称、企业性质、售电公司类型、工商注册时间、注册资本金、营业执照、信用代码、法人、联系方式、信用承诺书、资产总额、股权结构、年最大售电量等。"

案例点评

售电公司在企业信息变更后，应及时在信息披露模块"自主信息披露－基本信息"栏目中发布企业最新信息，遵循真实、准确、完整、及时的原则做好企业自主信息披露工作，避免在信用评价考核中发生重大扣分，影响企业自身信用评级工作。

案例 141
主体账户密保

案例概况

某电力用户与某售电公司签订《电力直接交易购售电委托协议》，约定电力用户委托售电公司在代理期内参与电力市场交易。该电力用户将交易平台的账号密码交由售电公司代为使用，并由售电公司掌握密保手机，登录交易平台进行电费结算单确认等操作，后该电力用户 A 发现电费逐月上升，与售电公司产生了法律纠纷。

案例点评

电力交易平台账号密码是市场主体登录交易平台开展各项业务的唯一凭证，关系到企业切身利益，应妥善保管，切勿交由他人使用。密保手机号码验证码是在交易平台注册变更、绑定签约、结算确认等各项操作的关键认证，市场主体应增强风险意识，谨慎确定密保手机使用人。

案例 142
账户管理风险防范 1

案例概况

　　某电力用户与某售电公司签订购售电委托协议并委托期限及固定电价，后售电公司私自调高电价导致该电力用户多产生电费约 52 万元。该电力用户向法院提起诉讼要求售电公司返还多收取的电费及利息损失。售电公司辩称电力市场交易规则发生重大变化，开始实行分时段交易，同时政府主管部门也鼓励购售双方签订分时价格合同，售电公司多次发函与该电力用户沟通电价结算方案，并要求原告选择其他售电公司代理售电，但该电力用户没有更换委托人，因此售电公司在接受委托过程中不存在过错或违约。法院一审判决认为购售电委托协议合法有效，双方应当按照合同约定履行各自义务，因此售电公司应当赔偿该电力用户的实际损失。二审驳回上诉，维持原判。

案例点评

　　创新开展中长期分时段交易，将每天分为 24 个时段，以中央对手方为交易机制，以每个时段的电量为交易标的，由各个时段的成交结果形成交易合同，在全国率先实现中长期市场按日开市、按小时交易，与现货市场共同构成全电量的分时价格信号。市场主体在充分理解新的交易机制基础上，依法合规通过协商一致或采取司法途径进行变更是避免受损的有效手段。

案例 143
账户管理风险防范 2

案例概况

　　某原电力用户与售电公司于 11 月签署协议建立零售绑定关系，自次年 1 月 1 日~12 月 31 日采用固定价格结算，价格为 0.323 元 /kWh。次年三季度起，售电公司在未经该电力用户同意情况下按月度中长期交易成交均价作为结算方案提交至交易平台，并通过掌握的原告账户、密码登录交易平台进行确认。该电力用户诉至法院要求被告赔偿因交易电价调整造成的损失 60 万元，经过法庭审理判决如下：人民法院认为双方签订的协议真实有效，该电力用户在被告通过结算方案更改电价后未提出异议，并按变更后的电价及时缴纳电费，视为其对电价变更的默认，故对原告提出的 60 万元赔偿诉求不予支持。

案例点评

　　电力用户在电费账单发布后仍在未明确提出异议的前提下足额缴纳电费，构成法律意义上的默认。市场主体应提高风险防控意识，关注自身电力交易情况，发现问题应及时反馈意见维护合法权益。

案例 144
信息披露的真实性

案例概况

某电力用户 3 月由代理购电用户转为零售用户参与零售市场交易，在选购好售电公司电力零售套餐后，想电话联系售电公司，协商价格套餐，但打不通售电公司在交易平台公布的电话。该电力用户认为售电公司发布信息错误，提出疑问，交易中心责成售电公司公司予以解释。

适用条款

《电力市场信息披露基本规则》（国能发监管〔2024〕9 号）第六条"信息披露应当遵循安全、真实、准确、完整、及时、易于使用的原则。"第七条规定"信息披露主体应严格按照本规则要求披露信息，并对其披露信息的真实性、准确性、完整性、及时性负责。"第十三条"市场成员对披露的信息内容、时限等有异议或者疑问，可向电力交易机构提出，电力交易机构根据本规则规定要求相关信息披露主体予以解释及配合。"

案例点评

售电公司应遵循真实、准确、完整、及时的原则做好企业自主信息披露工作，对在交易平台发布的信息真实性进行负责，确保电力用户真实获取市场信息，保障市场稳健运行。

案例 145
违规使用第三方软件程序

案例概况

某售电公司在某天 03:11:26 提前申报了 8 月月度滚动撮合交易，且该笔申报数据缺失部分必要字段。经判定该售电公司存在通过非前端页面方式突破交易开闭市时间，向系统提交无法识别或必填数据为空的异常行为，根据《异常行为处置措施》，予以冻结 5 个工作日平台账号，要求该售电公司提交书面说明并作出相关承诺，承诺此后遵守《平台法律声明》中相关规定。并且根据《山西省售电公司信用评价管理办法》，该售电公司的异常行为属于损害电力市场公平性，对交易业务造成一定影响。

适用条款

《山西省电力市场中长期交易实施细则》（晋监能市场规〔2024〕2 号）第九十八条"经营主体应加强对自身账号的管理，需通过新一代电力交易平台系统页面前端进行账号登录、数据查询、交易申报等操作，非交易系统技术原因出现以下行为将视为异常行为。"

案例点评

该售电公司通过购买使用外挂或其他软件程序，发现并利用系统漏洞进行试验，虽然未形成实际的利益攫取行为，但对电力市场环境造成不良影响。

179

最终该售电公司承担冻结 5 日账号并且信用评价扣分的相应惩罚，禁止交易期间造成的损失自行承担。在此敬告售电公司，不要相信市面上的申报软件等程序，以免因小失大，造成更严重的后果，带来更严重的损失。

案例 146
账户信息泄露

案例概况

某电力用户在与某售电公司确定合作关系后，该电力用户将账号密码、密保手机全权委托售电公司操作，包括该电力用户的注册、零售交易等全部业务。在零售交易过程中售电公司在该电力用户不知情的情况下，擅自修改零售合约电价，并登录该电力用户账号确认。

适用条款

《山西电力交易平台法律声明》❶账号使用权宜，"企业应妥善保管账号用户名及密码，平台账号仅限本企业使用。若由于企业账号密码使用不当或其他自身原因而导致任何信息的泄露的，造成一切损失由企业自身承担。"

案例点评

该电力用户在入市注册、参与零售交易时，应具备一定的电力市场专业

---

❶ 《山西电力交易平台法律声明》是依据《中华人民共和国网络安全法》《互联网用户账号信息管理规定》等法律法规制定。

基本概念，更应妥善保管平台账号密码，不应由于与售电公司达成合作关系，就全权委托售电公司进行平台操作。零售用户须提升风险防范意识，加强风险管理能力，提高电力市场专业化水平，避免造成经济纠纷和利益损失。

案例 147

电力用户与多家售电公司签订零售合同

某电力用户与某售电公司签订电力零售代理合同后，又另行委托另一家售电公司代理参与电力市场电力交易。经法院审理后认为，原被告双方订立的电力零售代理合同系双方的真实意思表示，不违反法律法规禁止性和强制性规定，为合法有效的委托合同，双方均应恪守履行。但该电力用户行为明显违反了双方签订的电力零售代理合同中关于"委托方在委托期间内全权且唯一委托受托方参与电力市场交易"的约定，其另行委托的行为已构成根本违约，故售电公司依据双方签订合同的第五条第 2 款"甲乙双方在签订本协议后，任何一方毁约，则赔偿对方毁约金叁万元人民币"，主张被告支付毁约金 3 万元，理据充足，法院予以支持。

适用条款

国家发展改革委、国家能源局《售电公司管理办法》（发改体改规〔2021〕1595 号），"电力用户在同一合同周期仅可与一家售电公司确立零售服务关系"。

案例点评

电力市场主体应多关注电力市场法律法规、政策规定以及合同约定条款，避免合同条款违反强制性规定，防止合同履行瑕疵。